VOUS Y ÊTES!

FRENCH FOR PROFICIENCY

SECOND EDITION

Cahier
d'exercices

SUSAN ST. ONGE
Christopher Newport College

ROBERT TERRY
University of Richmond

HH

HEINLE & HEINLE PUBLISHERS
Boston, Massachusetts 02116 U. S. A

ISBN 0-8384-1911-9

Heinle & Heinle Publishers is a division of Wadsworth, Inc.

10 9 8 7 6 5 4 3

TABLE DES MATIÈRES

HOW TO USE A BILINGUAL DICTIONARY

You are obviously not expected to know every word in a language — whether it's your native tongue or a second language. When you don't know the meaning of a word or how to say something, you can always look it up in a dictionary. The type of dictionary you use when learning a second language differs, however, from a standard dictionary.

A standard dictionary contains selected words arranged in alphabetical order together with their meanings. It often includes syllabications, pronounciations, etymologies, and other pertinent information.[1] A bilingual dictionary, on the other hand, is divided into two parts. One part lists selected second language words in alphabetical order and gives their equivalents in the native language. The other half of a bilingual dictionary lists selected native-language words in alphabetical order and gives their second-language equivalents. In a bilingual dictionary, definitions are not given.

In order to use a bilingual dictionary effectively, you must learn the art of cross-referencing. It is quite often a mistake to look up the equivalent for a word in either French or English and use it without taking into consideration the context in which the word is used. For example, you want to say in French that someone is going to a meeting of an international "club". In the English-French section of a bilingual dictionary, the first entry for "club" in French is *massue*.[2] You would be very wrong if you talked about *une massue internationale,* however. Through cross-referencing to the French-English section, you will find that *massue* means "club" in the sense of "bludgeon." This is obviously not the word you want! Some other entries for "club" are:

> gourdin *m,* assommoir *m;* cercle *m,* amicale *f,* club *m;* (cards) trèfle *m;* (golf) crosse *f,* club *m*...

You probably did not pay any attention to the punctuation in the listing of French equivalents for "club". If the English word has two or more different meanings, the French equivalents representing these meanings will be separated by semi-colons. A comma in a series of equivalents indicates a synonym. Therefore the French words *massue, gourdin, assommoir* are all synonyms — and not the word you want.

Now you should look up the second group of entries beginning with *cercle* and containing *amicale* and *club.* You will find:

> *cercle* (s rkl) *m* circle; circle, club, society; clubhouse; hoop; *en cercle* in the cask.

Voilà! A *cercle* is indeed a club — a group of individuals organized for some point of mutual interest. But...is this really the word you want? What about *amicale* and *club?* If you now look up *amicale* and *club,* you will find that *amicale* means a "professional club", and that *club* is a

> (literary) society; (political) association; club (*"for social and athletic purposes, etc."*)...

This is probably the word you want.

Dictionaries use many abbreviations which you need to understand in order to select the appropriate equivalent in another language.

Exercise 1. Look at the first page of a French-English dictionary where the English abbreviations are listed. Write down the meaning of each of these abbreviations and give a French example for each.

1. fpl _____

2. ind _____

3. ref _____

4. v _____

5. mf _____

6. adv _____

7. aux _____

8. pp _____

9. pron _____

10. inf _____

Exercise 2. Find the French equivalent of the italicized English word in each sentence. Read the entire entry and be careful!

1. *Look* out! _____

2. I want you to *look* into this matter. _____

3. All of his children *look* just like him. _____

4. She wants us to *look* up words we don't know. _____

5. He gave her a dirty *look*. _____

6. The game ended in a *tie*. _____

7. My son has learned to *tie* his shoes. _____

8. It's a formal party, so wear a *tie*. _____

9. The robber tried to *tie* her up. _____

10. What *time* is it? _____

11. This is the first *time* I've done this. _____

12. Will you *time* the race? _____

13. He doesn't have the *time* to see you now. _____

14. At that *time,* she was in France. _____

15. He's standing *up* over there. _____

16. It's *up* to you, pal! _____

17. Go *up* to the corner. _____

18. What's *up?* _____

19. They went *up*stairs. _____

20. Hands *up!* _____

Bilingual dictionaries also include charts of regular, irregular, and spelling-change verbs. Find this in a dictionary. You can match the numbers by each verb to verb entries in the dictionary itself. For example, when you look up *appeler,* you see a number beside it that matches *jeter* in the charts.

Exercise 3. Following is a list of verbs. What verb are they conjugated like according to the charts?

1. apercevoir _____

2. ranger _____

3. tenir _____

4. révéler _____

5. mentir _____

6. paraître _____

7. éteindre _____

8. concourir _____

Exercise 4. Now using the verb charts, identify each of the following verb forms as to tense, form, person, or infinitive.

1. pu _____

2. meurt _____

3. asseyez _____

4. dormes _____

5. lu _____

6. suis (*2 meanings*) _____

7. courrai _____

8. pleut _____

9. puis _____

10. enverront _____

Dictionaries also contain idioms. An idiom is defined as:

an expression peculiar to a language, not readily understandable from its grammatical construction or from the meaning of its component parts.[2]

Sometimes even when you know all of the individual words, you cannot find an appropriate entry. Try again! Don't forget to read the entire entry.

Exercise 5. Find the French equivalent for the following idioms.

1. to smell a rat _____

2. all right _____

3. to be flat broke _____

4. to hit it off _____

5. to be hip _____

6. Mum's the word! _____

7. O.K. _____

8. to lie down on the job _____

9. About face!. _____

10. It's raining cats and dogs. _____

1. *Funk & Wagnalls Standard College Dictionary*, New York: Funk & Wagnalls, 1973, p. 370.

2. Steiner, Robert J. *The New College French & English Dictionary,* New York: Amsco School Publications, 1972, p. C:62.

3. "Funk & Wagnalls", p. 666.

CHAPITRE 1
L'IDENTITÉ

PRINCIPES

REGULAR -ER VERBS: *JE, TU, VOUS* FORMS

A. **Des activités** *(Some activities)*. Complete each sentence with the appropriate form of the verb in parentheses.

1. (habiter) Tu _____ en France.

2. (travailler) Vous _____ en France.

3. (habiter) J' _____ aux États-Unis.

4. (étudier) Tu _____ en France?

5. (parler) Je _____ français.

6. (fumer) Vous _____ ?

7. (voyager) Je _____ aux États-Unis.

8. (chanter / danser) Tu _____ et _____ ?

INTONATION QUESTIONS

B. **Quelques questions** *(Some questions)*. You meet the following people at a party. Based on the name(s), ask a question, using the appropriate subject pronoun and the other elements provided.

MODÈLE: Robert / fumer
Tu fumes?

1. Monsieur Dumont / parler anglais

   _____

2. Anne / travailler à Paris

   _____

3. Georges et Philippe / travailler en France

   _____

4. Madame Lemont / parler français

   _____

5. Jean-Pierre / étudier aux États-Unis

   _____

6. Monsieur et Madame Albet / habiter à Montpellier

_____

NEGATION WITH *NE. . . PAS (DU TOUT)*

C. **Non!** *(No!)* Rewrite each sentence using **ne... pas** to make it negative.

MODÈLE: Je parle anglais.
         Je ne parle pas anglais.

1. Tu habites à San Francisco.

_____

2. Je fume.

_____

3. Vous mangez à McDonald's.

_____

4. Tu travailles à Boston.

_____

5. Vous voyagez aux États-Unis.

_____

6. J'habite à Chicago.

_____

7. Vous parlez français.

_____

8. J'étudie en France.

_____

ÊTRE (TO BE): *JE, TU, VOUS* FORMS

D. **Être ou ne pas être?** *(To be or not to be?)* Fill in each blank with the appropriate form of the verb **être**.

1. Je _____ dynamique.

2. Paul, tu _____ pénible.

3. Vous _____ français?

4. Je _____ individualiste.

5. Monsieur Trump, vous _____ riche.

6. Monique, tu _____ réaliste.

ADJECTIVE AGREEMENT (SINGULAR)

E. **Les jumeaux** *(Twins)*. Thomas and Jacqueline are twins who are studying at your school. Following are some statements you would make to Thomas. Write what you would say to Jacqueline, making sure that the adjective agrees.

MODÈLE: Thomas, tu es blond.
Jacqueline, tu es blonde.

1. Thomas, tu es intelligent.

_____

2. Thomas, tu es français.

_____

3. Thomas, tu es grand.

_____

4. Thomas, tu es extroverti.

_____

5. Thomas, tu es américain.

_____

6. Thomas, tu es indépendant.

_____

7. Thomas, tu es décontracté.

_____

8. Thomas, tu es bavard.

_____

ADVERBS INDICATING FREQUENCY

F. **Les réactions** *(Reactions)*. You meet the following people at a party. Using the cues in parentheses, make an appropriate comment to each person.

MODÈLE: This young man has three hamburgers on his plate. (tu / manger / beaucoup)
Tu manges beaucoup!

1. This young lady never stops talking. (tu / parler beaucoup)

_____

2. Another young man has filled an ashtray with cigarette butts. (tu / fumer / trop)

_____

3. A young lady has to leave the party early to catch a plane to London. (tu / voyager / souvent)

_____

4. A group of people open the door to get rid of the smoke in the room. (vous / fumer / pas du tout)

   _____

5. Two students have an important test on Monday but prefer to stay at the party. (vous / étudier / rarement)

   _____

VOUS Y ÊTES!

A. **À votre tour.** *(It's your turn.)* Complete the dialogue by answering the questions.

   CHANTAL: Bonjour. Comment allez-vous?

   VOUS: _____

   CHANTAL: Comment vous appelez-vous?

   VOUS: _____

   CHANTAL: Vous êtes français(e)?

   VOUS: _____

   CHANTAL: Vous êtes américain(e)?

   VOUS: _____

   CHANTAL: Vous êtes étudiant(e)?

   VOUS: _____

   CHANTAL: Alors, au revoir, Monsieur (Madame / Mademoiselle).

   VOUS: _____

B. **Mes activités** *(My activities).* Write a sentence telling whether you do or do not perform each activity.

   MODÈLE: manger beaucoup
              Je mange beaucoup. OR *Je ne mange pas beaucoup.*

   1. voyager beaucoup

      _____

   2. travailler

      _____

   3. étudier trop

      _____

   4. fumer

      _____

5. parler français

_____

6. habiter à New York

_____

7. danser souvent

_____

8. bavarder beaucoup

_____

C. **Un repas** *(A meal).* You are at a dinner party. Based on the name, ask a question, using a pronoun and the other cues provided.

MODÈLE: Guy / habiter ici
           Guy, tu habites ici?

1. Anne-Marie / parler anglais

_____

2. Jean-Marc et Paul / travailler

_____

3. Philippe / fumer

_____

4. Madame Dumont / voyager souvent

_____

5. Paul / étudier aux États-Unis

_____

6. Sophie et Stéphane / danser souvent

_____

D. **Et vous?** Now imagine that you have been asked the questions you wrote in Exercise C. Write your responses.

1. _____

2. _____

3. _____

4. _____

5. _____

6. _____

E. **Une petite discussion.** You are at the first meeting of your new French conversation group. To get acquainted, ask the group members questions, using the adjectives provided.

MODÈLE: idéaliste
Tu es idéaliste?

1. agréable

_____

2. conformiste

_____

3. dynamique

_____

4. timide

_____

5. sincère

_____

6. individualiste

_____

F. **Et vous?** Imagine that the conversation-group members have asked you the questions you wrote in Exercise E. Write your answers.

1. _____

2. _____

3. _____

4. _____

5. _____

6. _____

G. **Une lettre à la famille Dumont** *(A letter to the Dumont family).* You are going to spend the summer with the Dumont family in Lyons and want to find out as much as you can about them. Write them a letter, using the cues provided to ask questions. Make sure the adjectives and subject pronouns are appropriate for each person.

MODÈLE: Sophie / blond
Sophie, tu es blonde?

1. Sophie / bavard

_____

2. Madame Dumont / extroverti

_____

3. Robert / décontracté

_____

4. Sophie / indépendant

_____

5. Monsieur Dumont / réservé

_____

6. Sophie / grand

_____

7. Robert / grand

_____

8. Madame Dumont / français

_____

H. **Que fais-tu?** *(What do you do?)* Answer each question using an adverb from the following list: **beaucoup, souvent, trop, pas (du tout), rarement, un peu.**

1. Tu fumes?

_____

2. Tu voyages?

_____

3. Tu étudies?

_____

4. Tu travailles?

_____

5. Tu danses?

_____

6. Tu bavardes?

_____

7. Tu chantes?

_____

8. Tu marches?

_____

SITUATIONS

A. **Mon / Ma camarade de chambre** *(My roommate)*. While studying in France, you need to be placed with a roommate. The housing director needs some information about you. First write five sentences describing yourself. Then write five questions that you would like to ask a prospective roommate.

Moi

1. _____

2. _____

3. _____

4. _____

5. _____

Mon / ma camarade de chambre

1. _____

2. _____

3. _____

4. _____

5. _____

B. **Mini-dialogues.** Create a short dialogue for each illustration. The characters should greet each other, ask a question, answer it, and then say good-bye.

Henri   Jean-Jacques

1. _____

    _____

    _____

    _____

    _____

M. Ventoux   Chantal

2. _____

    _____

    _____

    _____

    _____

Annick   Renée

3. _____
   _____
   _____
   _____
   _____
   _____

Angèle   Mme Didier

4. _____
   _____
   _____
   _____
   _____
   _____

CHAPITRE 2
LA VIE PERSONNELLE

PRINCIPES

REGULAR -ER VERBS: ALL FORMS

A. **Qui le fait?** *(Who is doing that?)* Complete each sentence with the appropriate form of the verb in parentheses.

1. (chercher) Il _____ Jean-Michel.

2. (parler) Nous _____ français.

3. (fumer) On ne _____ pas beaucoup aux États-Unis.

4. (danser) Elles _____ souvent.

5. (étudier) Elle _____ beaucoup.

6. (habiter) Ils _____ en France.

7. (voyager) Il _____ rarement.

8. (marcher) On _____ beaucoup en France.

B. **Des activités diverses.** Complete each sentence with the appropriate form of the verb in parentheses.

1. (bavarder) Il _____ beaucoup.

2. (aimer) Ils _____ parler anglais.

3. (étudier) J' _____ beaucoup.

4. (manger) Nous _____ souvent à McDonald's.

5. (travailler) Tu _____ ?

6. (voyager) Vous _____ en France?

7. (écouter) On _____ Madame Michel.

8. (habiter) Elles _____ à Montréal.

9. (fumer) Je ne _____ pas du tout.

10. (détester) Tu _____ fumer?

C. **Des préférences.** Complete the answer to each question using the appropriate form of **aimer** or **détester** followed by the action verb in the infinitive form.

MODÈLE: Tu voyages souvent?
            Oui, j'*aime voyager.* OR Non, je *déteste voyager.*

1. Elles fument? Non, elles _____

2. Ils voyagent beaucoup? Oui, ils _____

3. Il marche souvent? Non, il _____

4. Vous travaillez beaucoup? Non, je _____

5. Tu bavardes beaucoup? Oui, j' _____

6. Elle étudie beaucoup? Oui, elle _____

7. Jean-Claude bavarde beaucoup? Non, il _____

8. Gilberte danse souvent? Oui, elle _____

ÊTRE: ALL FORMS

D. **Être ou ne pas être** *(To be or not to be)?* Complete each sentence with the appropriate form of **être**.

1. Je _____ étudiante.

2. Nous _____ aux États-Unis.

3. Elle _____ extrovertie.

4. Tu _____ américain?

5. Ils _____ français.

6. Il n' _____ pas bavard.

7. Elles _____ en France.

8. Gilberte n'_____ pas mariée.

9. Jean-Claude _____ célibataire.

10. Ils _____ à ORDINA-PAIRE.

THE INDEFINITE ARTICLE *UN, UNE, DES*

E. **Avec qui voyagent-ils?** *(With whom are they traveling?)* Complete each sentence with the appropriate form of the indefinite article (**un, une,** or **des**).

1. Jean-Claude voyage avec _____ chien.

2. Gilberte voyage avec _____ copains.

3. Nous voyageons avec _____ professeur.

4. Ils voyagent avec _____ camarades de chambre.

5. Madame Michel voyage avec _____ garçon et _____ jeune fille.

6. Jean-Michel voyage avec _____ copain.

7. Madame Albet voyage avec _____ femmes.

8. Je voyage avec _____ amie.

9. Elle voyage avec _____ étudiante.

10. Tu voyages avec _____ ami?

REGULAR PLURALS OF NOUNS AND ADJECTIVES

F. **Que cherchent-ils?** *(What are they looking for?)* Complete each sentence by rewriting the cues in parentheses in the plural, making sure that the adjective agrees in gender and number with the noun it refers to.

MODÈLE: (un camarade de chambre / sympathique)
Je cherche _____.
Je cherche *des camarades de chambre sympathiques.*

1. (un copain / agréable) Ils cherchent _____

2. (une camarade de chambre / équilibré) Nous cherchons _____

3. (un ami / cultivé) Tu cherches _____

4. (une copine / extroverti) Elle cherche _____

5. (un professeur / intéressant) Il cherche _____

6. (une amie / amusant) Jean-Claude cherche _____

7. (un copain / riche) Gilberte cherche _____

8. (un ami / sensible) Tu cherches _____

AVOIR

G. **Qu'est-ce que tu as?** *(What do you have?)* Complete each sentence with the appropriate form of **avoir**.

1. Tu _____ des frères et des sœurs?

2. Elle _____ une copine intelligente.

3. Nous _____ un professeur sensible.

4. Marie et Paul _____ des amis français.

5. Vous _____ un problème?

6. Elles _____ des plantes vertes.

7. Il _____ une petite amie américaine.

8. J' _____ un professeur dynamique.

9. Gilberte n'_____ pas de chien.

10. Sylvie et Marie-Ange _____ une bonne camarade de chambre.

PLACEMENT OF ADJECTIVES / SOME IRREGULAR ADJECTIVES

H. **Qui est cette personne?** *(Who is that person?)* Tell who each person is by using the noun and adjectives in parentheses. Pay special attention to the form and placement of the adjectives.

MODÈLE: Madame Albet? (une amie / vieux / français)
une vieille amie française

1. Stéphane? (un étudiant / nouveau / français)

_____

2. Hélène? (ma camarade de chambre / nouveau / sympathique)

_____

3. Françoise? (une copine / sportif / bon)

_____

4. Monsieur Siboni? (un professeur / jeune / dynamique)

_____

5. Paul? (un garçon / intelligent / beau)

_____

6. Patricia et Françoise? (mes amies / cultivé / bon)

_____

7. Agnès? (ma petite amie / gentil / beau)

_____

8. Patrick et Jean-Pierre? (mes copains / vieux / généreux)

_____

THE NUMBERS FROM 0–20

I. **Combien** *(How much)?* Write out the numbers in the following math problems and supply the answers.

MODÈLE: $2 + 5 =$
deux + cinq = sept

1. $7 + 10 =$

_____

2. $3 + 6 =$

_____

3. $10 + 5 =$

_____

4. 1 + 4 =

_____

5. 8 + 8 =

_____

6. 11 + 2 =

_____

7. 12 + 7 =

_____

QUESTIONS WITH *EST-CE QUE*

J. **Est-ce que ...?** Use **est-ce que** to make each statement into a question.

MODÈLE: Vous êtes étudiants.
            Est-ce que vous êtes étudiants?

1. Il a une sœur.

_____

2. Vous parlez français.

_____

3. Tu cherches une copine sportive.

_____

4. Vous êtes français.

_____

5. Elles ont des camarades de chambre.

_____

6. Vous avez un chien.

_____

7. Jean-Claude cherche une jolie copine.

_____

8. Gilberte a des amis intimes.

_____

9. Il est célibataire.

_____

10. Tu as un bon prof.

_____

VOUS Y ÊTES!

A. **À votre tour.** You have taken a job with ORDINA-PAIRE and have been given the task of working with Jean-Claude and Gilberte, individually of course. Answer their questions.

JEAN-CLAUDE: Gilberte est étudiante?

VOUS: _____

JEAN-CLAUDE: Gilberte est introvertie?

VOUS: _____

JEAN-CLAUDE: Elle étudie beaucoup?

VOUS: _____

JEAN-CLAUDE: Elle est réservée?

VOUS: _____

JEAN-CLAUDE: Elle aime travailler?

VOUS: _____

JEAN-CLAUDE: Elle a un animal domestique?

VOUS: _____

GILBERTE: Jean-Claude est étudiant?

VOUS: _____

GILBERTE: Il est réservé?

VOUS: _____

GILBERTE: Il est extroverti?

VOUS: _____

GILBERTE: Il aime danser?

VOUS: _____

GILBERTE: Il a des amis intéressants?

VOUS: _____

B. **À ORDINA-PAIRE.** Jean-Claude Barbant and Gilberte Fumiste want to know about the clients of ORDINA-PAIRE. Complete the following sentences by putting all appropriate words in the plural.

MODÈLE: Gilberte cherche un ami amusant.
Les clients d'ORDINA-PAIRE *cherchent des amis amusants.*

1. Jean-Claude n'aime pas fumer.

Les clients d'ORDINA-PAIRE _____

2. Jean-Claude habite un appartement.

Les clients _____

3. Gilberte cherche un ami intime.

Les clients _____

4. Gilberte est décontractée.

Les clients _____

5. Gilberte est très bavarde.

En général, les clients _____

6. Jean-Claude discute beaucoup.

En général, les clients d'ORDINA-PAIRE _____

7. Jean-Claude n'est pas beau.

Mais, normalement, les clients d'ORDINA-PAIRE _____

8. Gilberte désire un copain heureux.

Les clients _____

C. **Un / une / des?** Complete each sentence with the appropriate indefinite article (**un, une, de, d'**, or **des**).

À ORDINA-PAIRE, ils ont _____ clients attirants et intéressants. Ils sont seuls et ils désirent

trouver _____ ami(e)s.

Jean-Claude Barbant est _____ nouveau client d'ORDINA-PAIRE. Il cherche

_____ femme spéciale parce qu'il n'a pas _____ copine. Il a seulement

_____ chien et _____ chat.

Gilberte Fumiste est _____ jeune femme sympathique, et elle cherche aussi

_____ copain. Elle n'a pas _____ animal domestique et elle n'a pas

_____ camarade de chambre. Mais elle a _____ plantes vertes. Elle n'est pas seule

parce qu'elle a souvent _____ boums.

D. **Des styles de vie différents** *(Different life-styles).* Use each subject and verb to give a portrait of yourself and some of the people in your life.

MODÈLE: je / être
Je suis bavard.

1. je / être

_____

2. je / avoir

_____

3. je / aimer

_____

4. je / détester

_____

5. mon copain (ma copine) / être

_____

6. il (elle) / avoir

_____

7. il (elle) / aimer

_____

8. il (elle) / détester

_____

9. mes parents / être

_____

10. ils / avoir

_____

11. ils / aimer

_____

12. ils / détester

_____

13. mon (ma) petit(e) ami(e) / être

_____

14. il (elle) / avoir

_____

15. il (elle) / aimer

_____

16. il (elle) / détester

_____

E. **Comment sont-ils?** *(What are they like?)* Use at least six words from each column and the verb **être** to compose sentences that describe persons and things.

Nouns	**Adjectives**
mon copain/ma copine	gentil
mes amis	équilibré
mes parents	grand
mon chat	sportif
mon chien	joli
mon/ma prof	vieux
mon/ma camarade de chambre	petit
mon mari	beau
ma femme	mignon
mon/ma petit(e) ami(e)	sérieux
mon frère	généreux
ma sœur	actif
	bavard
	sensible
	???

MODÈLE: *Mon frère est mignon.*

1. _____

2. _____

3. _____

4. _____

5. _____

6. _____

SITUATIONS

A. **Un / Une camarade de chambre idéal(e)** *(An ideal roommate)*. Write five sentences in which you describe your ideal roommate.

_____

_____

_____

_____

_____

B. **ORDINA-PAIRE et vous.** Imagine that you have gone to ORDINA-PAIRE to find a partner. Fill out the following form.

ORDINA-PAIRE _____

15, rue Royale
75630 Paris

ATTACHEZ
PHOTO
RÉCENTE
ICI

NOM _____

PRÉNOM(S) _____

DOMICILE _____

_____

TÉLÉPHONE ____.____.____

DATE DE NAISSANCE _____ 19 _____

PROFESSION _____

JE CHERCHE _____

_____

_____

JE SUIS _____

_____

_____

J'AIME _____

_____

_____

JE DÉTESTE _____

_____

CHAPITRE 3
LES ACHATS ET LES COMMANDES

PRINCIPES

REGULAR -RE VERBS

A. **Une rencontre imprévue** *(A chance meeting)*. Complete the conversation with the appropriate form of the verb in parentheses.

—Ah, salut, Jean-Paul. Tu _____ (descendre) en ville?

—Oui, je _____ (descendre) en ville avec Marc pour acheter un jean.

—Vous _____ (attendre) l'autobus?

—Oui, nous _____ (attendre) le bus de trois heures *(3 o'clock)*.

—Où est-ce qu'on _____ (vendre) des tickets de bus?

—Les chauffeurs _____ (vendre) des tickets.

—Eh, bien, alors, j'_____ (attendre) avec vous.

—Tu _____ (descendre) en ville avec nous?

—Oui, j'ai des courses *(errands)* à faire.

PRENDRE (TO TAKE; TO HAVE SOMETHING TO EAT OR DRINK)

B. **Au café** *(At the café)*. Complete each sentence with the appropriate form of **prendre**.

1. Marc _____ un sandwich.

2. Je _____ un Orangina, s'il vous plaît.

3. Marie-Ange et Hélène _____ du vin.

4. Vous _____ aussi du vin?

5. Nous _____ de la bière.

6. Marie _____ une salade.

7. Mes copains _____ du café.

8. Tu _____ de l'eau minérale.

C. **On apprend beaucoup.** Complete each sentence with the appropriate form of **apprendre**.

1. J' _____ à parler français.

2. Nous _____ à être réservés.

3. Elles _____ à chanter.

4. Il _____ à danser.

5. Vous _____ à étudier.

6. Tu _____ à parler français?

THE PARTITIVE

D. **Des habitudes gastronomiques** *(Eating habits).* Complete each sentence with the appropriate articles (**un / une, du, de la, de l', des,** or **de**).

1. Normalement, je prends _____ café. Je prends _____ crème mais je ne prends pas _____ sucre.

2. Mon copain ne prend pas _____ petit déjeuner. Moi, je prends _____ thé, _____ tartines, _____ marmelade et _____ beurre.

3. Au restaurant universitaire, on commande souvent _____ hamburger, _____ frites et _____ Coca. Je veux toujours _____ sandwich au fromage et _____thé glacé.

4. En France, on prend souvent _____ omelette, _____ salade, _____ vin et _____ eau minérale.

5. Pour une boum, nous commandons souvent _____ pizza, _____ Coca et _____ bière.

6. En France, on prend _____ jus de fruit et _____ eau minérale.

7. Quand je déjeune, je commande souvent _____ soupe avec _____ sandwich.

8. Un Orangina? Ce n'est pas _____ cola. C'est _____ jus d'orange.

EXPRESSIONS OF QUANTITY

E. **Une boum.** Jean-Yves has invited some friends to dinner and is checking to see if he has enough food. Use the elements provided to tell what he does and doesn't have.

MODÈLE: beaucoup / Coca
Il a beaucoup de Coca.

1. assez / salade

_____

2. un peu / bière

_____

3. une bouteille / vin rouge

_____

4. 12 tranches / pizza

_____

5. un morceau / fromage

_____

6. trop / amis

_____

F. **Des vies très différentes.** Complete the paragraphs with the appropriate articles.

Denis a beaucoup _____ amis. Il est extroverti et bavard, et il a _____ amis partout *(everywhere)*. Denis a _____ joli appartement avec beaucoup _____ plantes vertes et _____ bonne chaîne stéréo. Il donne _____ soirées intéressantes. On bavarde, on écoute _____ disques. Denis a _____ cassettes modernes; il n'a pas _____ cassettes classiques. Il prépare souvent _____ repas français. Il prépare _____ poulet, _____ salade, _____ pain français. Il ne prend pas _____ vin; il aime prendre _____ eau minérale. Denis est très sportif. Il habite en Californie. Denis n'a pas _____ problèmes, et il a _____ relations très positives.

Jean-Claude n'a pas _____ amis. Il est timide et réservé, et il cherche _____ copains. Jean-Claude habite _____ maison. Il a aussi _____ plantes vertes, mais il n'a pas _____ chaîne stéréo. Il ne donne pas _____ soirées; il écoute _____ disques seul. Il a beaucoup _____ vieux disques, mais il n'a pas _____ cassettes. Jean-Claude aime dîner dans _____ restaurant fast-food où il prend _____ hamburger et _____ Coca. Il ne prend pas _____ dessert. Jean-Claude n'est pas sportif. Il a beaucoup _____ problèmes et il n'a pas _____ amis intimes.

VOULOIR (TO WANT) / THE NUMBERS 21–1,000,000

G. **Que voulez-vous faire?** *(What do you want to do?)* Complete each sentence with the appropriate form of vouloir.

1. Nous _____ parler français.
2. Mes parents _____ être sympathiques.
3. Jean-Claude _____ trouver une copine.
4. Je _____ apprendre à parler français.
5. Gilberte _____ trouver un copain.
6. Tu _____ voyager en France.
7. Monsieur et Madame Dumont _____ habiter aux États-Unis.

8. Vous _____ acheter de nouveaux disques.

H. **Vous êtes à Paris . . .** *(You are in Paris . . .)* On your last day in Paris, you are planning a final shopping trip. Based on the cues, make a list of what your friends and family want, including the prices. Write out all numbers.

MODÈLE: mon ami / tee-shirt / $16
            Mon ami veut un tee-shirt.
            Un tee-shirt coûte seize dollars.

1. mes parents / livres / $45

   _____

   _____

2. mon amie / chemise / $38

   _____

   _____

3. mes frères / pulls / $94

   _____

   _____

4. mon (ma) camarade de chambre / vin / $26

   _____

   _____

5. ma sœur / jupe / $50

   _____

   _____

6. mes copains / tee-shirts / $42

   _____

   _____

7. mon ami / cravate / $12

   _____

   _____

8. mon (ma) petit(e) ami(e) / vêtements / cher

   _____

   _____

VOUS Y ÊTES!

A. **À votre tour**

LE SERVEUR: Bonjour, Monsieur (Mademoiselle, Madame). Vous êtes combien?

VOUS: _____

LE SERVEUR: Très bien. Voici une excellente table. Qu'est-ce que vous prenez, Monsieur (Mademoiselle, Madame)?

VOUS: _____

LE SERVEUR: Est-ce que vous voudriez du vin?

VOUS: _____

LE SERVEUR: De l'eau minérale, peut-être?

VOUS: _____

LE SERVEUR: Et comme dessert, de la mousse au chocolat? Ou des fruits?

VOUS: _____

LE SERVEUR: Très bien. Merci, Monsieur (Mademoiselle, Madame).

VOUS: _____

B. **Que prenez-vous?** *(What will you have?)* Use **prendre** and appropriate articles and nouns to describe what you eat and / or drink in each of the following situations.

1. un petit déjeuner typique _____

_____

2. un déjeuner typique _____

_____

3. un dîner typique _____

_____

4. au restaurant _____

_____

5. au restaurant universitaire _____

_____

C. **Dites combien.** *(Say how much.)* Use each of the expressions below in a personalized sentence.

1. beaucoup de _____

2. trop de _____

3. un verre de _____

4. un peu de _____

5. une bouteille de _____

6. assez de _____

SITUATIONS

A. **Un repas spécial.** Denise, your Canadian friend, is coming to visit. You want to make a special meal and show her a good time during her stay. Write her a note in which you:

1. describe the dinner that you are preparing

2. ask Denise three questions about what she wants to do

3. tell Denise about one or two of your friends whom she will meet

Ma chère Denise,

_____

_____

_____

_____

_____

_____

_____

_____

_____

_____

B. **Au restaurant à Gray Rocks Inn.** You are on a ski trip, staying at Gray Rocks Inn at Mont Tremblant in Quebec. Using the menu on page 27, write six sentences telling what you would like to have for lunch.

1. _____

2. _____

3. _____

4. _____

5. _____

6. _____

Menu

TABLE D'HOTE

Déjeuner – Luncheon

SOUPES OU JUS **SOUPS OR JUICES**

LE POTAGE NAPOLI
Potage with vegetables
LE CONSOMME MILLE-FANTI
Consommé with eggs
LES JUS DE TOMATES, PUNCH OU ANANAS
GLACES
Chilled tomato, punch or pineapple juices

ENTREES **ENTREES**

L'OMELETTE ESPAGNOLE
Spanish Omelet
LE FILET DE MORUE SAUTE, MEUNIERE
Fillet of cod sautéd, malted butter
LE VOL-AU-VENT AU POULET, SYLVESTRE
Tips of chicken in patty shell with green peppers,
mushrooms and cream sauce
LE CARRE DE PORC ROTI SAUCE AUX POMMES
Roast rack of pork with apple sauce
L'HAMBOURGEOISE SUR PAIN ROND, SALADE DE
CHOU ET POMMES DE TERRE FRITES
Hamburger on the bun with cole slaw and French
fried potatoes

LEGUMES **VEGETABLES**

LE CHOU-FLEUR PROVENÇALE
Cauliflower Provençale
LES POMMES DE TERRE NOUVELLES
BOUILLIES
New boiled potatoes

BUFFET FROID **COLD BUFFET**

LA DINDE FROIDE ET LE FOIE GRAS, SALADE
DE POMMES DE TERRE
Cold roast turkey and foie gras, potato salad

DESSERTS **DESSERTS**

LE GATEAU A L'ORANGE
Orange cake
LE SUNDAE AU CHOCOLAT
Chocolate sundae
LE POUDING A LA VANILLE
Vanilla pudding
LA TARTE AU CITRON, MERINGUEE
Lemon meringue pie
CHOIX DE CREME GLACEE OU SORBET
Choice of ice cream or sherbet

BREUVAGES **BEVERAGES**

CAFE, THE, LAIT
Coffee, Tea, Milk
LAIT ECREME, LAIT DE BEURRE
Skim Milk, Buttermilk

W2-13

CHAPITRE 4
POUR PARLER DE VOUS ET DES AUTRES

PRINCIPES

EXPRESSIONS WITH *AVOIR*

A. **En cours de français** *(In French class)*. The French class described below meets at 10 o'clock in the morning. For each situation, use the cues in parentheses to compose a question using the correct form of **avoir**. Then answer the question by choosing the correct idiom.

MODÈLE: Les étudiants disent: «Nous sommes français.» (ils / avoir / raison ou tort)
Est-ce qu'ils ont raison ou tort?
Ils ont tort.

1. Marc n'a pas de blouson. (il / avoir / chaud ou froid)

   _____

   _____

2. Marie porte un gros pull. (elle / avoir / chaud ou froid)

   _____

   _____

3. On dit bonsoir au professeur. (on / avoir / raison ou tort)

   _____

   _____

4. Hélène et Jeanne sont très fatiguées. (elles / avoir / faim ou sommeil)

   _____

   _____

5. Nous ne prenons pas de petit déjeuner. (nous / avoir / soif ou faim)

   _____

   _____

6. Le prof veut parler. (il / avoir / peur ou / il / avoir / l'intention de parler)

   _____

   _____

7. Les étudiants aiment parler. (ils / avoir / peur ou / ils / avoir / besoin de parler)

_____

_____

8. Nous avons très chaud. (nous / avoir / faim ou soif)

_____

_____

9. Le prof est très gentil. (il / avoir / bon ou mauvais caractère)

_____

_____

10. Jean-Claude déteste bavarder. (il / avoir / peur ou / il / avoir / envie de parler)

_____

_____

IL Y A / VOILÀ

B. **Au restaurant universitaire** *(At the school cafeteria).* Fill in each blank with **voilà** or **il y a,** based on the context.

1. Ah, _____ mon camarade de chambre, Robert.

2. Aujourd'hui _____ beaucoup d'étudiants dans le restaurant.

3. Sur le menu, _____ toujours des hamburgers.

4. _____ le repas spécial que je veux prendre.

5. Est-ce qu'_____ des frites avec le hamburger?

6. _____ une table pour quatre.

7. Mais _____ déjà trois personnes à cette table.

8. Oui, tu as raison. Mais _____ une autre table libre où _____ deux places.

THE DEFINITE ARTICLES LE, LA, L', LES

C. **Qu'est-ce qu'on aime?** *(What do they like?)* The following people go often to the school cafeteria, but they don't all like the same things. Complete each sentence with the appropriate definite article to tell what they like or don't like.

1. Robert aime _____ hamburgers.

2. Annette aime _____ soupe.

3. Marc aime _____ poisson *(fish)*? Horreur!

4. Ils aiment _____ frites.

5. Laurence et Nicolas aiment _____ omelettes.

6. Suzanne aime _____ pain.

7. Pierre aime _____ milkshakes.

8. Tu aimes _____ ambiance?

CONTRACTIONS WITH THE DEFINITE ARTICLE

D. **Une réunion.** Complete each sentence with **à** + the correct definite article to tell who is talking to whom at the family reunion. Remember to make the necessary contractions.

MODÈLE: Marc parle _____ frère de Luc.
Marc parle *au* frère de Luc.

1. Luc parle _____ sœur de Marc.

2. Marthe parle _____ parents de Suzanne.

3. Philippe parle _____ amie d'Annick.

4. Thomas parle _____ beau-père de Paul.

5. Marie-Claire parle _____ grands-parents de Marc.

6. Pierre parle _____ oncle de Paul.

7. Henri parle _____ père de Véronique.

8. Anne parle _____ tante de Lucie.

E. **De qui parle-t-on?** *(About whom are they talking?)* Complete each sentence with **de** + the definite article to tell whom the different family members are talking about. Remember to make the necessary contractions.

MODÈLE: Paul parle _____ père de Viviane.
Paul parle *du* père de Viviane.

1. Henri parle _____ sœur de Marc.

2. Renée parle _____ fils d'Anne-Marie.

3. Jacques parle _____ oncle de Marthe.

4. Luc parle _____ grands-parents de Marc.

5. Robert parle _____ père d'Anne.

6. Anne parle _____ amie de Lucie.

7. André parle _____ parents de Paul.

8. Pierre parle _____ tante de Luc.

USES OF THE DEFINITE ARTICLE

F. **Les Dumont.** Fill in each blank with the appropriate form of the definite article (**le, la, l',** or **les**). If no article is required, put an **X** in the blank.

1. _____ famille Dumont est nombreuse.

2. Ils aiment _____ réunions de famille.

3. Pour _____ Dumont, _____ amis et _____ enfants sont importants.

4. Ils dînent toujours ensemble _____ dimanche.

5. Ils préfèrent _____ grands dîners de famille.

6. L'oncle de Philippe Dumont parle _____ anglais.

7. _____ dimanche prochain *(next)*, ils dînent chez Philippe.

8. À l'université, Paul Dumont étudie _____ français et _____ psychologie.

9. Paul a _____ cheveux blonds et _____ yeux bleus.

10. Les parents de Paul n'aiment pas _____ musique rock.

G. **Les McDonald's en France** *(McDonald's in France)*. Fill in each blank with the appropriate article: **un, une; du, de la, de l', des, de;** or **le, la, l', les.** (Hint: English terms used in French are usually masculine.)

1. _____ Français aiment _____ McDonald's.

2. Dans _____ McDonald's typique, on peut commander _____ Big Mac, _____ frites et _____ Coca.

3. Il y a aussi _____ salades du chef qu'on peut prendre avec _____ sauce américaine *(French dressing)*.

4. Vous n'aimez pas _____ hamburgers? Il y a aussi _____ Chicken McNuggets avec _____ sauces spéciales.

5. Dans _____ McDonald's en France, vous trouvez aussi _____ catsup même si _____ Français ne mangent pas beaucoup _____ catsup en général.

6. Ou vous préférez _____ poisson peut-être? Il y a _____ sandwich Filet-o-Fish.

7. _____ enfants commandent souvent _____ Happy Meal avec _____ surprises à collectionner.

8. _____ milkshakes au McDonald's sont délicieux. On peut commander _____ shake au chocolat, à la vanille ou aux fraises *(strawberries)*.

9. _____ jeunes Français surtout aiment prendre _____ repas au McDonald's. Ce restaurant représente _____ liberté des rendez-vous pas chers avec _____ amis.

10. Il y a _____ seul problème. _____ repas typique dans _____ McDonald's en France coûte un peu plus _____ argent qu'aux États-Unis: _____ cheeseburger, _____ frites, _____ thé glacé et _____ chausson *(pie / m)* aux cerises coûtent, par exemple, entre 35 et 40 francs.

C'EST VS. IL EST

H. **Au resto-U** *(At the university cafeteria).* Fill in each blank with **c'est** or **il / elle est** based on the context.

1. Cet homme-là? _____ professeur ou étudiant?

2. Monsieur Bernard? _____ un professeur de commerce qui passe un semestre dans notre université.

3. Et la jeune fille là-bas? _____ dans mon cours de français.

4. Ah, _____ Hélène Ramos. _____ mexicaine. _____ la très bonne amie de Marie-Ange.

5. _____ très gentille et intéressante.

6. _____ fiancée. _____ la fiancée de Marc.

7. _____ dommage *(a pity)*. Marc, _____ ton camarade de chambre?

8. Oui, oui. _____ lui.

FORMING QUESTIONS BY INVERSION

I. **Quelques questions** *(Some questions).* Using inversion, rewrite each of the following questions.

MODÈLE: Tu as un petit ami?
As-tu un petit ami?

1. Vous avez des camarades de chambre?

_____

2. Elle a une famille nombreuse?

_____

3. Ils travaillent?

_____

4. Nous parlons français en classe?

_____

5. Tu es français?

_____

6. Ils aiment voyager?

_____

7. Elles veulent dîner au restaurant?

_____

8. Il est sérieux?

_____

POSSESSIVE ADJECTIVES

J. **Le portrait de Jean-Marc.** Here is a brief description of Jean-Marc, his activities, and his family. Fill in each blank with the appropriate possessive adjective.

1. Je m'appelle Jean-Marc. _____ famille habite en France.

2. _____ père est professeur. _____ mère ne travaille pas. _____ appartement n'est pas très très grand.

3. J'ai une sœur. _____ sœur s'appelle Marie.

4. _____ frère, Henri, habite Paris avec _____ femme et _____ trois enfants. _____ enfants sont _____ neveux et ils sont très gentils.

5. _____ meilleur copain s'appelle Stéphane. _____ famille habite Dijon. _____ sœur, Marguerite, étudie aux États-Unis.

6. _____ grands-parents sont assez vieux. _____ maison principale est à Paris et _____ résidence secondaire est à St-Malo.

7. _____ petite amie s'appelle Carole. _____ frère, Philippe, est professeur de français aux États-Unis. Carole passe beaucoup de temps chez _____ frère et _____ belle-sœur. _____ parents habitent en France.

8. J'étudie dans une université américaine. _____ camarades de chambre sont français et américains. _____ amis étudient le français.

9. J'aime beaucoup _____ cours d'économie. Nous étudions beaucoup de choses et _____ discussions sont intéressantes.

10. Et vous? Est-ce que _____ famille est nombreuse?

VOUS Y ÊTES!

A. **À votre tour**

LE MÉDECIN: Bonjour, Monsieur (Mademoiselle, Madame).

VOUS: _____

LE MÉDECIN:	Vous êtes malade? Qu'est-ce que vous avez?
VOUS:	_____
LE MÉDECIN:	Où est-ce que vous avez mal?
VOUS:	_____
LE MÉDECIN:	Vous avez chaud ou froid?
VOUS:	_____
LE MÉDECIN:	Vous avez de la fièvre?
VOUS:	_____
LE MÉDECIN:	Est-ce que vous mangez bien? Qu'est-ce que vous mangez?
VOUS:	_____
LE MÉDECIN:	Vous fumez?
VOUS:	_____
LE MÉDECIN:	Quelle est votre profession? Et votre nationalité? Vous n'êtes pas français(e)?
VOUS:	_____
LE MÉDECIN:	Ah, un(e) étudiant(e) américain(e). Vous étudiez en France?
VOUS:	_____
LE MÉDECIN:	Vous travaillez beaucoup?
VOUS:	_____
LE MÉDECIN:	Ah, bon. Vous êtes tout simplement surmené(e) et fatigué(e). Prenez deux aspirines et partez en vacances. Au revoir, Monsieur (Mademoiselle, Madame), et merci.
VOUS:	_____

B. **Quelles sont les circonstances?** *(What are the circumstances?)* Use each expression listed below in a personalized sentence.

MODÈLES: avoir soif
Quand j'ai soif, je prends un Coca.

avoir l'intention
Mon frère a l'intention d'étudier en France.

avoir bon (mauvais) caractère	avoir chaud
avoir envie de	avoir faim
avoir l'intention de	avoir peur de
avoir sommeil	avoir froid
avoir besoin de	avoir _____ ans

1. _____

2. _____

3. _____

4. _____

5. _____

6. _____

7. _____

8. _____

9. _____

10. _____

C. **Votre famille.** Use the appropriate possessive adjective to write a complete sentence describing each of the following people.

MODÈLE: père
          Mon père travaille à New York.

1. père

   _____

2. mère

   _____

3. sœur

   _____

4. frère

   _____

5. grands-parents

   _____

6. cousins

   _____

7. tante

   _____

8. oncle

   _____

9. parents

   _____

10. beau-frère (belle-sœur)

_____

D. **C'est et il/elle est.** Write one sentence using **c'est** to define who the person is and one sentence with **il/elle est** to describe the person.

MODÈLE: votre prof de français
            C'est Madame Saint-Onge.
            Elle est gentille.

1. votre prof de français

_____

2. votre meilleur(e) ami(e)

_____

3. votre petit(e) ami(e)

_____

4. votre camarade de chambre

_____

5. votre cousin favori

_____

6. votre cousine

_____

7. votre frère

_____

8. votre sœur

_____

9. votre mari (femme)

_____

10. votre grand-père

_____

11. votre grand-mère

_____

12. votre oncle

_____

E. **Et ta famille?** For each family member below, compose an appropriate question using inversion.

MODÈLE: ton frère
Est-il étudiant?

1. ton frère

_____

2. ta mère

_____

3. tes parents

_____

4. ta sœur

_____

5. tes grands-parents

_____

6. ton oncle

_____

7. ta tante

_____

8. tes cousins

_____

SITUATIONS

A. **En cours de français** *(In French class).* Imagine a typical session of your French class. Describe the conditions that usually prevail, such as the atmosphere, the situations of the other students, your state of mind and physical situation. Use a separate piece of paper for this and all **Situations** activities.

B. **Dans un restaurant fast-food américain.** Exercise F of the "Principes" section described a trip to a McDonald's in France. Describe a typical excursion with your friends to a McDonald's in your town. What do you and your friends eat? How is the food? How much does it cost?

CHAPITRE 5
LES TRAJETS

PRINCIPES

ALLER (TO GO)

A. **Où vont-ils?** Complete each sentence with the appropriate form of **aller**.

1. Marc _____ à Dijon.

2. Nous _____ au restaurant universitaire.

3. Tu _____ à la gare?

4. Monique et Jean-Pierre _____ à la soirée.

5. Vous _____ à l'aéroport?

6. Je _____ à l'hôtel.

THE IMMEDIATE FUTURE: *ALLER* + INFINITIVE

B. **Quelques projets pour le week-end** *(Some weekend plans).* Rewrite each sentence using the appropriate form of **aller** + infinitive to tell what each person is going to do next weekend.

MODÈLE: Jean-Michel étudie.
           Jean Michel *va étudier*.

1. Je voyage.

   _____

2. Nous prenons le train pour Paris.

   _____

3. Paul et Jean-Marc dînent au restaurant universitaire.

   _____

4. Tu vas au campus?

   _____

5. Elle est chez ses parents.

   _____

6. Vous écoutez des disques.

   _____

7. Tu travailles?

   _____

8. Je cherche un(e) camarade de chambre.

   _____

PREPOSITIONS OF LOCATION

C. **En cours de français** (*In French class*). Complete each sentence with an appropriate name to tell who is in the location indicated.

1. *(Name)* _____ est devant moi.

2. *(Name)* _____ est derrière moi.

3. *(Name)* _____ est à côté de moi.

4. *(Name)* _____ est loin du professeur.

5. *(Name)* _____ est près du professeur.

PREPOSITIONS WITH GEOGRAPHICAL NAMES

D. **Des voyages intéressants.** Fill in each blank with the appropriate preposition meaning *to, at,* or *in.*

1. Paul voyage _____ Russie, _____ Moscou.

2. Monique et Hélène vont _____ Portugal, _____ Lisbonne.

3. Nous voulons aller _____ France, _____ Paris.

4. Elle cherche une nouvelle BMW _____ Allemagne, _____ Stuttgart.

5. Ils ont l'intention de travailler _____ Brésil, _____ Rio.

6. Les parents de Marie-Ange voyagent _____ États-Unis, _____ New York.

7. Ma fille veut aller _____ Australie, _____ Melbourne.

8. Denise va _____ Canada, au carnaval _____ Québec.

9. Je voudrais travailler _____ Israël, _____ Jérusalem.

10. Notre groupe va étudier _____ Japon, _____ Tokyo.

E. **D'où sont-ils?** (*Where are they from?*) Complete the sentences to tell where each person is from and the language he / she logically speaks.

MODÈLE: François Mitterrand?
          Il est *de* France. Il parle *français*.

1. Margaret Thatcher?

   Elle est _____ Angleterre. Elle parle _____.

2. George Bush?

   Il est _____ États-Unis. Il parle _____.

3. Monsieur Gorbachev?

   Il est _____ Russie. Il parle _____.

4. Pélé?

   Il est _____ Brésil. Il parle _____.

5. Jean-Paul II?

   Il est _____ Pologne. Il parle _____.

6. Wayne Gretzky?

   Il est _____ Canada. Il parle _____.

7. Monsieur Nakashima?

   Il est _____ Japon. Il parle _____.

8. Sophia Loren?

   Elle est _____ Italie. Elle parle _____.

TELLING TIME

F. **Quelle heure est-il?** Write out each of the following times.

   MODÈLE: 10:20 A.M.
              dix heures vingt du matin

   1. 1:15 P.M. _____

   2. 6:50 A.M. _____

   3. 4:30 P.M. _____

   4. 9:25 A.M. _____

   5. 8:45 P.M. _____

   6. 11:05 P.M. _____

   7. 7:15 A.M. _____

   8. 2:00 A.M. _____

   9. 5:40 P.M. _____

   10. 3:10 P.M. _____

VENIR (TO COME)

G. **Quand viennent-ils?** Complete each sentence with the appropriate form of **venir** to tell when each person is coming to Monique's party.

   1. Paul _____ à huit heures.

   2. Nous _____ à huit heures et quart.

   3. Marie et Jeanne _____ à neuf heures.

   4. Vous _____ à dix heures.

5. Elle _____ à neuf heures et demie.

6. Tu _____ aussi?

H. **Qu'est-ce qu'ils viennent de faire?** *(What have they just done?)* The following people had to finish some things before going to Monique's party. Complete each sentence with the appropriate form of **venir de** to tell what they have just done.

1. Paul et Jeanne _____ préparer un repas.

2. Tu _____ étudier.

3. Hélène _____ prendre son dîner.

4. Nous _____ descendre en ville.

5. Elles _____ acheter des cassettes.

6. Vous _____ bavarder avec des copains.

7. Je _____ . . .

INTERROGATIVE EXPRESSIONS

I. **Quelques renseignements** *(Some information)*. Your friend, who is studying in Grenoble, is coming to visit you in Bordeaux. Use the cues to ask your friend questions about his / her plans.

MODÈLE: combien / coûter / le voyage
             Combien coûte le voyage?

1. à quelle heure / tu / aller partir

   _____

2. comment / tu / aller voyager

   _____

3. pourquoi / tu / prendre le train

   _____

4. quand / tu / aller arriver

   _____

5. combien de valises / tu / aller prendre

   _____

6. à quelle heure / tu / aller arriver

   _____

7. où / tu / désirer aller dans la ville de Bordeaux

   _____

8. combien de jours / tu / aller rester à Bordeaux

   _____

VOUS Y ÊTES!

A. **À votre tour.** Refer to the documents on pp. 132 and 133 of your textbook to complete the following dialogue.

—Pardon, Monsieur (Mademoiselle, Madame). Je viens d'arriver sur un vol Air France d'Italie. Dans quel terminal sommes-nous maintenant?

VOUS: _____

—Comment est-ce que je peux descendre en ville?

VOUS: _____

—Et mon hôtel est près de la tour Montparnasse. Où est-ce que je descends du car Air France?

VOUS: _____

—D'accord. Ensuite, je prends le métro pour aller à l'hôtel?

VOUS: _____

—Demain, je prends un vol Air France pour les États-Unis. À quel terminal est-ce que je vais?

VOUS: _____

—Merci beaucoup, Monsieur (Mademoiselle, Madame).

VOUS: _____

B. **Des destinations.** Imagine that each person below has been asked about his / her destination. Write an appropriate answer using the correct form of the verb **aller** and **à** + the definite article.

MODÈLE: tu / gare
  Tu vas à la gare.

1. je / buffet

_____

2. les copains / café

_____

3. nous / guichets

_____

4. vous / aéroport

_____

5. tu / Galeries Lafayette

_____

6. elles / station de métro

_____

7. je / hôtel

_____

8. il / parking

_____

C. **Où sont-ils?** Write six sentences in French describing the location of various people and things in the picture.

MODÈLE: *Mme Renaud est devant le comptoir.*

_____
_____
_____
_____
_____
_____

D. **Des endroits familiers** *(Some familiar locations).* Complete the following paragraph with appropriate locations and correct prepositions.

Je suis étudiant(e). Du mois de septembre au mois de juin, j'habite _____ *(name of location).* Mes parents habitent _____ *(name of location),* mais il y a d'autres membres de la famille qui habitent _____, _____ et _____ *(names of locations)*.

Pendant l'été, je travaille _____ *(name of location)*. Un jour, je voudrais travailler

_____ *(name of country)* ou _____ *(name of country)*.

Quelquefois, pendant les vacances, je vais _____, _____, _____ *(names*

of locations). Pour les prochaines vacances, je vais aller _____, _____,

_____, _____ *(names of locations)*.

E. **Quel est ton emploi du temps?** Use the cues, the pronoun **tu**, and inversion to ask at what time the following things are done. Then answer the questions according to your own schedule.

MODÈLE: tu / déjeuner
À quelle heure déjeunes-tu?
Je déjeune à midi.

1. tu / prendre le petit déjeuner

_____

_____

2. tu / venir au campus

_____

_____

3. tu / avoir ton cours de français

_____

_____

4. tu / rentrer à la maison *(home)*

_____

_____

5. tu / dîner

_____

_____

6. tu / regarder la télévision

_____

_____

7. tu / étudier

_____

_____

8. tu / aller au lit *(bed)*

_____

_____

F. **Où vas-tu?** Your French pen pal writes to tell you that he / she is going to travel this summer. Using either **est-ce que** or **inversion,** ask your friend at least eight questions about his / her trip. Use one of the interrogative expressions below in at least four of your questions.

où	à quelle heure
combien	comment
quand	pourquoi

1. _____

2. _____

3. _____

4. _____

5. _____

6. _____

7. _____

8. _____

SITUATIONS

A. **Tes projets pour l'été** *(Your summer plans)*. Your French pen pal is very interested in your plans for this summer. Write a short letter describing what you *are going to do* during your vacation.

B. **Tu as une voiture?** Your French friend doesn't have a car of his / her own and is very interested in your car and where you go by car. Give a brief description of your car and describe a few of the places that you go by car.

CHAPITRE 6
LES LOISIRS

PRINCIPES

FAIRE (TO DO; TO MAKE)

A. Que font-ils? Complete each sentence with the appropriate form of **faire.**

1. Jean _____ la vaisselle.

2. Hélène et Marie _____ leurs valises.

3. Nous _____ un voyage.

4. Vous _____ du sport?

5. Tu _____ de l'auto-stop.

6. Je _____ de mon mieux.

B. Des circonstances différentes *(Different circumstances)*. Complete each sentence with the appropriate form of a **faire** idiom to tell what the people are doing.

1. Avant son voyage, Suzanne _____.

2. Pour avoir «A» en français, les étudiants _____.

3. Pour voyager en France, Jean-Pierre _____.

4. Florence Griffith-Joyner et Jackie Joyner-Kersee _____.

5. Après le dîner, les camarades de chambre _____.

6. Pour aller en France, la classe _____.

7. Paul Bocuse _____.

8. Quand vous allez à Lake Placid, vous _____.

WEATHER EXPRESSIONS

C. Quel temps fait-il? Describe the weather in the following places. You may want to consult the map of *le monde francophone* on p. xxii of your textbook.

MODÈLE: Quel temps fait-il... à Paris en avril?
Il fait frais et il pleut.

1. à Chicago au mois de mars?

_____

2. à Madagascar en juillet?

_____

3. en Suisse en décembre?

_____

4. au Sénégal?

_____

5. au Québec en septembre?

_____

6. en Belgique en novembre?

_____

7. au Gabon?

_____

8. en Algérie?

_____

9. en Floride en décembre?

_____

10. au Québec en janvier?

_____

SPORTS ACTIVITIES

D. **Quel sport font-ils?** *(What is their sport?)* Tell what sport each person or group does in the location indicated.

MODÈLE: Carl Lewis, au stade?
           Il fait de l'athlétisme.

1. Michael Jordan, au gymnase?

_____

2. Pierre et Jeanne, à Malibu?

_____

3. Nous, à Aspen, à Vail ou à Val-d'Isère?

_____

4. Un jeune Français, dans les rues de sa ville?

_____

5. Arnold Palmer, à St-Andrews ou à Pebble Beach?

_____

6. Jacques Cousteau, en mer.

_____

7. Les Bears de Chicago, à Soldier Field?

_____

8. Les Canadiens, à Montréal?

_____

9. Martina Navratilova et Yannick Noah, à Wimbledon ou à Roland-Garros?

_____

10. Les Angels, à Los Angeles?

_____

REGULAR VERBS ENDING IN -IR

E. **Dans la salle de classe** *(In the classroom).* Complete each sentence with the appropriate form of the -ir verb in parentheses.

1. (finir) Elles _____ la composition.
2. (réussir) Marc _____ à un examen.
3. (réfléchir) Nous _____ aux exercices.
4. (obéir) Les étudiants _____ au professeur.
5. (rougir) Jean-Pierre fait une erreur et il _____.
6. (choisir) Vous _____ la bonne réponse à la question.
7. (punir) Le professeur ne _____ personne.
8. (finir) Je _____ cet exercice.

JOUER À / JOUER DE

F. **Jouer à ou jouer de?** Complete each sentence with the appropriate form of **jouer** and à or de + the definite article.

1. Marc _____ piano.
2. Nous _____ cartes.
3. Je _____ bridge.
4. Tu _____ guitare?
5. Mes camarades de chambre _____ échecs.
6. Vous _____ clarinette?

THE INTERROGATIVE PRONOUN *QUI* / THE INTERROGATIVE PRONOUNS *QUE* AND *QUOI*

G. **Je regarde un film.** Complete each question with the interrogative word that would elicit the answer indicated.

1. — _____ tu fais? — Je regarde un film.

2. — _____ est le metteur en scène du film? — François Truffaut.

3. — Avec _____ est-ce que tu regardes le film? — Avec mes camarades de chambre.

4. — _____ se passe dans le film? — Beaucoup d'action.

5. — _____ est-ce que tu aimes dans le film? — Catherine Deneuve.

6. — De _____ parle-t-on dans le film? — De la politique.

7. — _____ tu manges pendant le film? — Des bonbons.

8. — A _____ parles-tu pendant le film? — Personne.

9. — _____ on voit dans le film? — La ville de Paris.

10. — De _____ est-ce que tu as besoin maintenant? — D'un café.

POUVOIR (TO BE ABLE, CAN)

H. **Qui peut le faire?** *(Who can do it?)* Complete each sentence with the appropriate form of **pouvoir.**

1. Manuel _____ faire la cuisine ce soir.

2. Marie-Ange et Claire _____ faire un voyage ce week-end.

3. Je _____ regarder la télévision.

4. Tu _____ aller au cinéma?

5. Nous _____ faire du jogging cet après-midi.

6. Vous _____ jouer au Monopoly.

7. Elle _____ étudier avec Paul.

8. Mes copains _____ dîner au restaurant.

THE NEGATIVE EXPRESSIONS *NE... JAMAIS, PERSONNE, PLUS, RIEN*

I. **Non!** Answer each question, using the negative expression in parentheses. Remember that the negative expression will often replace an affirmative counterpart in the question.

MODÈLE: Tu fumes toujours? (ne... plus)
           Non, je ne fume plus.

1. Tu es toujours au lycée? (ne... plus)

   Non, _____

2. Elle parle français? (ne... pas du tout)

   Non, _____

3. Ils voyagent souvent en France? (ne... jamais)

   Non, _____

4. Qu'est-ce qui se passe? (rien ne)

   _____

5. Tu aimes toujours le groupe Wham? (ne... plus)

   Non, _____

6. Tu prends quelque chose? (ne... rien)

   Non, _____

7. Qui arrive? (personne ne)

   _____

8. Il va souvent au cinéma? (ne... jamais)

   Non, _____

9. Elle invite quelqu'un au bal? (ne... personne)

   Non, _____

10. Tu fais de la planche à voile? (ne... pas)

   Non, _____

VOUS Y ÊTES!

A. **À votre tour**

—Salut! Ça va?

VOUS: _____

—Quel temps fait-il aujourd'hui? Il fait beau ou mauvais?

VOUS: _____

—Tu voudrais faire un pique-nique? Il ne fait pas trop chaud, non?

VOUS: _____

—Qui veux-tu inviter?

VOUS: _____

—Bonne idée. Est-ce qu'ils sont libres? Ils n'étudient pas?

VOUS: _____

—Est-ce qu'on peut prendre ta voiture?

VOUS: _____

—Tu voudrais faire du sport après? Quel sport veux-tu faire?

VOUS: _____

—Moi, je vais apporter du fromage et du vin. Et toi?

VOUS: _____

—Tu veux partir vers une heure?

VOUS: _____

B. **Qu'est-ce que vous faites?** Tell what you do in each of the following situations.

Qu'est-ce que vous faites...

MODÈLE: quand vous avez soif?
          Je prends un Coca.

1. quand vous avez faim?

   _____

2. quand il fait froid?

   _____

3. le samedi soir, en général?

   _____

4. avant un grand examen?

   _____

5. quand vous avez beaucoup d'argent?

   _____

6. quand il fait chaud?

   _____

7. dans votre cours de français?

   _____

8. quand vous allez au restaurant?

   _____

9. quand vous êtes en vacances *(on vacation)*?

   _____

10. quand vous voulez faire du sport?

    _____

C. **Un athlète extraordinaire.** Choose one of the pictures below and write four sentences describing it. Comment on the weather, the people, and the activity in your description.

1.   2.   3.

_____

_____

_____

_____

_____

_____

D. **Une soirée extraordinaire.** The French exchange student at your school is planning to give a party this weekend. Write eight questions asking him / her about the party. Use one of the interrogative expressions listed below in at least four of your questions.

qui   où
à quelle heure   que (quoi)

1. _____

2. _____

3. _____

4. _____

5. _____

6. _____

7. _____

8. _____

E. **Le cafard** *(The blues)*. Everybody has a bad day from time to time. Write six negative sentences describing your activities on one of those bad days.

MODÈLE: *Je ne fais rien.*

_____

_____

_____

_____

_____

_____

SITUATIONS

A. **Tu es sportif?** A French friend, whom you are going to visit for the summer, writes to ask if you like sports. Write a short note describing your attitude toward sports, including watching them on TV.

B. **Mes loisirs.** Your French friend wants to know how you spend your leisure time. Compose a brief description of your leisure-time activities.

CHAPITRE 7
LES COMPTES RENDUS

PRINCIPES

THE *PASSÉ COMPOSÉ* WITH *AVOIR* / IRREGULAR PAST PARTICIPLES

A. **Vendredi soir au foyer des étudiants** *(Friday night at the student center).* Complete each sentence with the correct **passé composé** form of the verb in parentheses to tell what these students did on Friday night.

1. (jouer) Mes camarades de chambre _____ aux cartes.

2. (prendre) J'_____ un morceau de pizza et un Coca.

3. (regarder) Jeanne _____ un film.

4. (choisir) Nous _____ une émission à la télévision.

5. (bavarder) Vous _____ avec des amis.

6. (dîner) Il _____ à la cafétéria.

7. (finir) J'_____ mes devoirs.

8. (écouter) Elles _____ des disques.

9. (bavarder) On _____.

10. (attendre) Marc _____ des amis.

11. (danser) Beaucoup d'étudiants _____.

12. (faire) Qu'est-ce que tu _____?

QUESTIONS AND NEGATION WITH THE *PASSÉ COMPOSÉ*

B. **Non!** Rewrite the sentences in the negative to tell what the people did not do Friday night.

MODÈLE: Paul a retrouvé des amis au restaurant.
Paul n'a pas retrouvé d'amis au restaurant.

1. Nous avons joué aux cartes.

_____

2. Elle a dîné à la cafétéria.

_____

3. Vous avez regardé un film.

_____

4. On a pu dîner ensemble.

_____

5. Ils ont pris la voiture.

_____

6. J'ai étudié.

_____

7. Tu as regardé la télé.

_____

8. J'ai voyagé.

_____

9. Elle a fini sa composition.

_____

10. Nous avons attendu des amis.

_____

C. **J'ai manqué la soirée.** *(I missed the party.)* You were out of town when your friends had a really good party. Use the cues to write questions asking your friends about the party.

MODÈLE: à quelle heure / la soirée / commencer
À quelle heure est-ce que la soirée a commencé?

1. qui / vous / inviter

_____

2. Jeanne et Paul / accepter / l'invitation

_____

3. qui / faire / la cuisine

_____

4. tu / rencontrer / des personnes intéressantes

_____

5. vous / faire la connaissance / de la petite amie de Jean-Pierre

_____

6. on / danser / à la soirée

_____

7. que / on / manger

_____

8. Stéphane / rendre visite / à Marie-Ange

_____

9. tu / prendre / de la bière, du vin ou du Coca

_____

10. à quelle heure / la soirée / finir

_____

D. **Quand?** Complete the sentences with the French equivalents of the expressions in parentheses.

1. *(yesterday)* _____ soir je n'ai pas voulu travailler.

2. *(early)* J'ai dîné _____.

3. *(after)* _____ mon dîner, j'ai voulu regarder la télé.

4. *(first)* _____ j'ai allumé le poste.

5. *(next)* _____ j'ai consulté le programme.

6. *(finally)* J'ai _____ trouvé une émission intéressante.

7. *(often / already / a long time)* Mais, je regarde _____ la télé et j'ai _____ vu

cette émission il y a _____.

8. *(again)* J'ai _____ changé de chaîne.

9. *(before)* _____ le film, j'ai regardé les informations.

10. *(late / tomorrow)* Le film a fini très _____. Et _____? Je vais travailler.

IL Y A + EXPRESSIONS OF TIME

E. **Il y a longtemps?** Using the cues in parentheses, complete each sentence to tell how long ago each action was performed.

MODÈLE: Paul a commencé à travailler le 15 mai. / C'est aujourd'hui le 15 août.
  Paul a commencé à travailler *il y a trois mois.*

1. Ils ont habité en Californie en 1980. / On est maintenant en 1990.

   Ils ont habité en Californie _____.

2. Marc a fini sa composition à huit heures. / Il est maintenant neuf heures.

   Marc a fini sa composition _____.

3. Nous avons voyagé en France au mois de juin. / On est maintenant au mois d'août.

   Nous avons voyagé en France _____.

4. Elles ont déjeuné à onze heures. / Il est maintenant deux heures.

   Elles ont déjeuné _____.

5. Elle a fini ses études en 1985. / On est maintenant en 1990.

   Elle a fini ses études _____.

6. Les étudiants ont commencé le semestre le cinq septembre. / C'est aujourd'hui le quinze septembre.

   Les étudiants ont commencé le semestre _____.

7. Stéphane a fait la connaissance de Suzanne en janvier. / On est maintenant au mois de septembre.

   Stéphane a fait la connaissance de Suzanne _____.

8. On a eu un examen lundi. / C'est aujourd'hui vendredi.

   On a eu un examen _____.

F. **Pour parler du temps qui passe...** *(To talk about time...)* Complete each sentence with the French equivalent of the cue in parentheses.

   1. *(at night)* Ils travaillent _____.

   2. *(a week)* Je vais passer _____ en France.

   3. *(an evening)* Hier on a passé _____ très agréable.

   4. *(a morning)* J'ai étudié pendant _____ longue et difficile.

   5. *(three years)* Elle a habité _____ en France.

   6. *(evening)* Tu veux venir demain _____?

   7. *(a day)* Samedi va être _____ intéressante.

   8. *(two days)* J'ai fini mes devoirs il y a _____.

   9. *(in the afternoon)* Je regarde toujours la télé _____ avant mon dîner.

   10. *(one month)* Ce semestre a commencé il y a _____.

PARTIR, SORTIR, AND DORMIR

G. **Un week-end surchargé** *(A full weekend).* Complete each sentence with the appropriate present-tense form of the verb in parentheses.

   1. (sortir) Normalement, je _____ le week-end.

   2. (partir) Nous _____ du campus vers sept heures.

   3. (sortir) On _____ très souvent en groupe.

   4. (partir) Les étudiants _____ souvent pour le week-end.

   5. (sortir) Est-ce que tu _____ ce soir?

   6. (partir) Vous _____ avec le groupe qui va faire du ski?

   7. (dormir) Samedi matin nous _____ tard.

   8. (dormir) Je _____ toujours tard le week-end.

THE *PASSÉ COMPOSÉ* OF VERBS WITH *ÊTRE*

H. **Qu'est-ce que tu as fait pendant le week-end?** *(What did you do during the weekend?)* Complete each sentence with the correct **passé composé** form of the verb in parentheses. Remember to make the past participle agree when necessary.

1. (aller) Hélène et Marie-Ange _____ au cinéma.

2. (sortir) Madame Houle, vous _____?

3. (descendre) Beaucoup d'étudiants _____ en ville.

4. (rester) Marc _____ sur le campus.

5. (aller) Les étudiants de français _____ voir un film français.

6. (rentrer) À quelle heure est-ce que tu _____, Monique?

7. (rentrer) Et ton amie Suzanne, est-ce qu'elle _____ tard?

8. (retourner) Nous _____ au campus vers une heure du matin.

9. (sortir) Tu _____ avec tes camarades de chambre, Marc?

10. (rester) Non, parce que mes camarades de chambre _____ dans notre chambre.

I. **Des vacances intéressantes** *(Interesting vacations).* Use the cues and the **passé composé** to write questions that you could ask each person about his / her vacation.

MODÈLE: (votre professeur de français) passer des vacances intéressantes
           Vous avez passé des vacances intéressantes?

1. (votre meilleur ami) où / aller en vacances

   _____

2. (vos parents) voyager

   _____

3. (votre professeur de français) quand / retourner au campus

   _____

4. (vos camarades de chambre) sortir / souvent

   _____

5. (votre petit[e] ami[e]) que / faire pendant les vacances

   _____

6. (votre professeur de français) beaucoup d'étudiants / visiter la France

   _____

7. (un étudiant français sur votre campus) rentrer / en France

   _____

8. (un autre étudiant) travailler / pendant les vacances

   _____

9. (une autre étudiante) venir / au campus

_____

10. (votre copain) dîner / dans un restaurant élégant

_____

11. (vos copines) retrouver souvent / des ami(e)s au restaurant

_____

12. (votre camarade de chambre) à quelle heure / rentrer

_____

VOUS Y ÊTES!

A. **À votre tour**

—Tiens, salut! Qu'est-ce que tu as fait hier soir?

VOUS: _____

—Tu as regardé la télé?

VOUS: _____

—Tu as regardé *Santa Barbara?* C'est mon émission préférée.

VOUS: _____

—Ah, mais tu as certainement vu le grand match de foot, non?

VOUS: _____

—Tu n'aimes pas le foot?

VOUS: _____

—Quelle est ton émission préférée? Tu aimes les feuilletons?

VOUS: _____

—Tu regardes quelquefois les émissions anciennes, comme *M.A.S.H.,* par exemple?

VOUS: _____

—Tu as le câble?

VOUS: _____

—Tu regardes quelquefois la MTV? J'adore la MTV. En France je regarde toujours *Les Enfants du rock.*

VOUS: _____

—Mais je regarde aussi les émissions culturelles. Et toi?

VOUS: _____

—Alors, tu veux aller regarder la télé maintenant?

VOUS: _____

–Ok.

B. **La maison d'être.** The house of **être** is a handy technique for remembering which verbs are conjugated with **être.** Using the drawing as a guide, write a logical sequence of sentences in the **passé composé** for each verb that is conjugated with **être.**

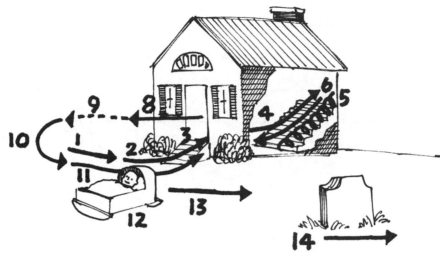

_____

_____

_____

_____

_____

_____

_____

_____

_____

_____

_____

C. **Qu'est-ce qui s'est passé?** *(What happened?)* The following series of cues tell a story. First arrange the events in the proper order. Then use the cues to write sentences in the **passé composé** that tell what happened.

1. _____ et puis / je / placer / petit repas / sur / table

2. _____ après / conversation / avec / amie / je / dormir / dans / chaise

3. _____ avant de regarder l'émission / je / préparer / sandwich

4. _____ pendant *(during)* / quelques / minutes / je / regarder / émission

5. _____ enfin / je / téléphoner / amie / et / je / parler / pendant / toute / émission

6. _____ puis / je / allumer / poste / et / choisir / chaîne

7. _____ ensuite / je / prendre / chaise / préférée

1. _____

2. _____

3. _____

4. _____

5. _____

6. _____

7. _____

D. **Ce qui s'est passé.** *(What happened.)* Using the **passé composé,** write one sentence for each picture to tell what **Marc** did last evening. Use the lines provided on page 64.

1. _____

2. _____

3. _____

4. _____

5. _____

6. _____

7. _____

8. _____

9. _____

10. _____

11. _____

12. _____

E. **Cher journal** *(Dear diary)*. Every night, just before going to bed, you make an entry in your diary, which you write in French so that no one else can read it. Write six sentences telling what you did today.

_____

_____

_____

_____

_____

_____

_____

_____

_____

F. **Mes activités.** Write three sentences in the **passé composé** to tell some of the things you did during each of the following periods of time.

1. le week-end dernier

_____

_____

_____

2. hier

_____

_____

_____

3. hier soir

_____
_____
_____

4. ce matin

_____
_____
_____

G. **Les activités des autres** *(The activities of other people)*. For each person listed below, write three sentences in the **passé composé** telling some of their recent activities.

1. mon (ou ma) prof de français

_____
_____
_____

2. mon meilleur *(best)* ami (ou ma meilleure amie)

_____
_____
_____

3. mes copains (ou mes copines)

_____
_____
_____

4. mon (ou ma) camarade de chambre

_____
_____
_____

SITUATIONS

A. **Une demande d'emploi** *(A job application)*. You are applying for a job to work at the Club Med in Martinique this summer. As part of the application you must write a brief account of your life and your experience. Using the **passé composé,** write a paragraph of at least ten sentences summarizing the main events of your life and your work experience.

B. **Un incident important** *(An important incident).* Using the **passé composé,** write a short paragraph of at least six sentences to recount the most important aspects of a recent incident in your life.

CHAPITRE 8
LES ACTIVITÉS QUOTIDIENNES

PRINCIPES

REFLEXIVE VERBS / RECIPROCAL VERBS

A. **Que font-ils tous les jours?** *(What do they do every day?)* Complete each sentence with the appropriate present-tense form of the verb in parentheses.

1. (se réveiller) Marie-Ange _____tôt.

2. (se lever) Stéphane _____à six heures.

3. (se parler) Nous _____au téléphone.

4. (se maquiller) Les jeunes filles _____un peu.

5. (se raser) Les jeunes hommes _____le matin.

6. (se laver / se coiffer) On _____et _____.

7. (s'habiller) Tu _____en jean?

8. (se reposer) Je _____un peu après mon travail.

9. (s'écrire) Marc et sa petite amie _____souvent.

10. (se coucher) On _____tôt pendant la semaine.

B. **Ce n'est pas le cas.** *(That's not the case.)* Rewrite the following sentences in the negative.

MODÈLE: Je m'ennuie en cours de français.
           Je ne m'ennuie pas en cours de français.

1. Il s'entend avec ses camarades de chambre.

   _____

2. On se marie jeune aux États-Unis.

   _____

3. Je me dispute avec mes parents.

   _____

4. Elles se parlent souvent.

   _____

5. Vous vous reposez pendant la semaine.

   _____

6. Tu t'occupes de faire la vaisselle.

_____

7. Ils se téléphonent beaucoup.

_____

8. Je me moque de mon professeur de français.

_____

C. **À la plage.** Your friends are going to the beach and have invited you. To decide whether to go along, you want to know what your friends generally do at the beach. Use the cues to ask questions about the proposed trip.

MODÈLE: vous / se lever / tôt ou tard
           Vous levez-vous tôt ou tard? OR
           Est-ce que vous vous levez tôt ou tard?

1. pour aller à la plage / on / se lever tôt

_____

2. vous / s'arrêter souvent / pendant le voyage

_____

3. qui / s'occuper / de faire la cuisine

_____

4. tous les copains / aimer / se baigner

_____

5. qui / vouloir / se promener sur la plage

_____

6. on / s'habiller élégamment

_____

7. je / pouvoir / se reposer beaucoup

_____

8. les copains / se coucher toujours tard

_____

9. vous / s'amuser toujours à la plage

_____

PASSÉ COMPOSÉ OF REFLEXIVE VERBS

D. **On l'a déjà fait.** *(It's already done.)* Rewrite the following sentences in the **passé composé** to tell what the people have already done.

MODÈLE: Ils se rencontrent.
           Ils se sont rencontrés.

1. Nous nous ennuyons.

   _____

2. Je me réveille à sept heures.

   _____

3. Tu te maquilles?

   _____

4. Ils s'habillent vite.

   _____

5. Elle s'entend avec les parents de son petit ami.

   _____

6. Je me lave ce matin.

   _____

7. Nous nous amusons dans le cours de maths.

   _____

8. Vous vous moquez de votre ami?

   _____

9. Je me repose le week-end.

   _____

10. Charles et Marie se disputent.

   _____

E. **Un feuilleton** *(A soap opera).* Complete the following résumé of a soap opera by putting the verbs in parentheses into the **passé composé**.

Samantha Brell _____(naître) à Liverpool, en Angleterre. Ses parents

_____(mourir) et elle _____(partir) de Liverpool. Elle _____

beaucoup _____(voyager). Elle _____(aller) à Paris et à Tokyo. Elle

_____(habiter) en Australie. Un jour, elle et Max _____(se rencontrer) dans un

restaurant. Ils _____(s'aimer) immédiatement. Ils _____(passer) des journées

idéales ensemble. Ils _____(se reposer) sur la plage. Ils _____(faire) des promenades. Ils _____ (se parler) pendant des heures. Ils _____ bien _____ (s'amuser). Ils _____ (ne jamais se disputer). Enfin ils _____ (décider) de se marier. Mais le jour du mariage, Samantha _____ (ne pas venir) à l'église. Elle _____ (partir) mystérieusement et Max _____ (rester) triste et malheureux en Australie. Mais où est-ce que Samantha _____ (aller)? Pourquoi _____ -elle _____ (quitter) son Max?

Pourquoi? Parce qu'un jour Samantha _____ (recevoir) un télégramme important. Elle _____ (apprendre) la mort de son oncle, le Comte de Beauvoir. Elle _____ (devenir) la Comtesse de Beauvoir. D'abord elle _____ (être) surprise et très heureuse, mais ensuite elle _____ (avoir) peur quand elle _____ (penser) à la réaction de Max. Voudrait-il toujours être son mari? Que va-t-il se passer? Il faut attendre la fin de cette histoire dans le Chapitre 9.

SPELLING CHANGES IN *-ER* VERBS

F. **Des changements importants** *(Some important changes).* Complete each sentence with the appropriate present-tense form of the verb in parentheses.

1. (acheter) Tu _____ des disques?

2. (s'appeler) Il _____ Pierre.

3. (manger) Nous _____ d'habitude un hamburger.

4. (se lever) Je _____ à huit heures.

5. (préférer) Elle _____ son cours de français.

6. (espérer) Nous _____ recevoir des bonnes notes.

7. (payer) Ils _____ leurs études.

8. (s'appeler) Comment _____ -vous?

9. (envoyer) Nous _____ une carte à notre professeur.

10. (se lever) Nous _____ tard le samedi.

DEMONSTRATIVE ADJECTIVES

G. **On aime ces projets?** *(Do they like these plans?)* Fill each blank with the appropriate form of the demonstrative adjective **(ce, cet, cette, ces)**.

1. _____ vacances sont superbes!

2. _____ jeune fille voyage avec sa copine.

3. _____ garçon fait de l'auto-stop.

4. _____ homme va faire du camping.

5. Vous voyagez dans _____ caravane?

6. Il va porter _____ maillot-ci ou _____ maillot-là?

7. On va prendre _____ sacs de couchage.

8. _____ agent a des brochures formidables.

VOIR (TO SEE)

H. **Voyez-vous?** *(Do you see?)* You are at a huge concert in the arena at Arles. Tell who or what everyone sees by filling each blank with the appropriate present-tense form of the verb **voir.**

1. Est-ce que vous _____ nos places?

2. Tu _____ bien le groupe?

3. Hélène et Jacques _____ leurs amis.

4. Je _____ Richard et Stéphane.

5. Marc ne _____ pas très bien.

6. Nous _____ nos copains.

7. Tu _____ bien?

8. Qui _____ -vous?

VOUS Y ÊTES!

A. **À votre tour**

—Bonjour. Je m'appelle Paul(e). Je cherche un(e) camarade de chambre. Et toi? Comment t'appelles-tu?

VOUS: _____

—Tu as déjà un(e) camarade de chambre?

VOUS: _____

—Voyons si nous sommes compatibles. Moi, je me lève normalement vers six heures. Et toi, à quelle heure est-ce que tu te lèves normalement?

VOUS: _____

—À quelle heure est-ce que tu as cours le lundi, le mercredi et le vendredi?

VOUS: _____

—Pendant la semaine est-ce que tu te couches plutôt tôt ou tard?

VOUS: _____

—Et pendant le week-end tu aimes les soirées? Tu aimes t'amuser?

VOUS: _____

—Tu travailles? Quand?

VOUS: _____

—Est-ce que tu fais du sport? Moi, je me promène beaucoup.

VOUS: _____

—Quelles sortes de loisirs aimes-tu? Moi, je regarde beaucoup la télé.

VOUS: _____

—Ah, j'ai oublié une question très importante. Chez toi, est-ce qu'on fume?

VOUS: _____

—Alors, est-ce que nous sommes compatibles? Tu veux un(e) autre camarade de chambre?

VOUS: _____

B. **Quelles sont tes habitudes?** Use the cues to ask questions about daily activities. Then answer the questions according to your own habits.

MODÈLE: à quelle heure / tu / se lever
À quelle heure est-ce que tu te lèves? OR
À quelle heure te lèves-tu?
Je me lève à six heures.

1. à quelle heure / tu / se réveiller

_____

_____

2. tu / se lever / tout de suite

_____

_____

3. comment / tu / s'habiller / pour aller à l'université

_____

_____

4. tu / avoir besoin de / se dépêcher le matin

_____

_____

5. tu / s'amuser / en classe

_____

_____

6. tu / s'ennuyer / à la maison

_____

_____

7. toi et tes amis, vous / se téléphoner / souvent

_____

_____

8. à quelle heure / tu / se coucher

_____

_____

C. **En vacances.** Write logical answers to the following questions about a typical vacation at the beach.

1. Est-ce que vous vous réveillez tôt?

_____

2. Aimez-vous vous baigner souvent?

_____

3. Vous promenez-vous sur la plage?

_____

4. Est-ce que vous vous couchez tôt?

_____

5. Vous habillez-vous élégamment?

_____

6. Vous reposez-vous beacoup?

_____

D. **Mon horaire typique.** Using the present tense, complete the sentences to describe your usual weekday schedule.

MODÈLE: À six heures, *je me lève.*

1. À huit heures du matin, _____

2. À huit heures et demie, _____

3. À dix heures, _____

4. À midi, _____

5. À six heures, _____

6. À huit heures du soir, _____

7. À dix heures, _____

8. À minuit, _____

E. **Mais le week-end dernier...** *(But last weekend . . .)* Using the **passé composé,** complete the sentence to tell what you did last weekend.

MODÈLE: À dix heures, *je suis allé(e) au magasin.*

1. À neuf heures du matin, _____

2. À dix heures, _____

3. À onze heures, _____

4. À midi, _____

5. À deux heures, _____

6. À quatre heures, _____

7. À six heures, _____

8. À huit heures du soir, _____

9. À dix heures, _____

10. À minuit, _____

F. **Vos rapports avec les autres** *(Your relationship with others).* Choose among the eight verbs below to write six statements about your relationship with a friend, roommate, or family member.

se disputer	se parler
s'amuser	s'entendre
s'ennuyer	se téléphoner
s'écrire	se voir

1. _____

2. _____

3. _____

4. _____

5. _____

6. _____

G. **Vive les différences!** Below is a description of a French student's life-style and daily activities. Write a short paragraph comparing Marie-France's situation with your own.

La vie de Marie-France

Son premier cours est à huit heures du matin. Elle se lève à six heures et demie. Elle habite une chambre dans une résidence universitaire et elle n'a pas de camarade de chambre. Elle n'a pas de salle de bains privée. Elle prend son repas principal à midi au restaurant universitaire; elle paie seulement 6F20 par repas. Entre deux heures et quatre heures, elle retrouve ses amis au café. Ils bavardent et ils étudient ensemble; ils prennent du café, de la bière ou de l'eau minérale. Ensuite, Marie-France se promène un peu en ville et regarde les vitrines. Vers six heures, elle retourne dans sa chambre et elle prend une salade, un peu de fromage et du vin pour son repas du soir. À huit heures, Marie-France prend le métro pour aller à la discothèque; elle adore sortir en groupe. À onze heures, elle revient dans sa chambre et elle se couche.

_____

_____

_____

_____

_____

_____

_____

_____

_____

_____

_____

_____

_____

_____

SITUATIONS

A. **Des vacances idéales.** Write a postcard to your French instructor telling about your ideal vacation: where you are, what you are doing, how things are going, etc. Be sure to address your postcard.

B. **Des vacances réelles**. Your French friend wants to know what you, your family, and your friends did last summer. Satisfy his / her curiosity by telling about some of your most interesting activities of last summer.

CHAPITRE 9
IL ÉTAIT UNE FOIS...

PRINCIPES

THE IMPERFECT TENSE (*L'IMPARFAIT*)

A. **L'atmosphère au concert.** Jean-Michel and Stéphane are describing what the atmosphere is usually like at a rock concert. Rewrite the sentences in the imperfect tense to describe the last concert they attended.

MODÈLE: Nous sommes très contents d'aller au concert.
            Nous étions très contents d'aller au concert.

1. Nous voulons voir U2 au Stade Richter à Montpellier.

   _____

2. Surtout Jean-Michel adore ce groupe.

   _____

3. Il y a 30 000 personnes dans le stade.

   _____

4. Nous avons de très bonnes places.

   _____

5. À neuf heures, on attend toujours.

   _____

6. Bono est super!

   _____

7. On vend des tee-shirts très beaux et très chers.

   _____

8. Nous avons une très bonne vue.

   _____

9. Il fait très beau le jour du concert.

   _____

10. On s'amuse beaucoup pendant le concert.

   _____

11. Tout le monde est très content après le concert.

   _____

12. Mais moi, j'ai mal à la tête.

   _____

B. **Et autrefois?** *(And what about in the past?)* Complete the answer to each question, using the imperfect to tell what used to happen.

   MODÈLE: Aimez-vous le groupe Pink Floyd?
   Non, mais à l'âge de douze ans, *j'aimais Pink Floyd.*

1. Sortez-vous souvent?

   Non, mais le semestre dernier, _____

   _____

2. Habitez-vous chez vos parents?

   Non, mais autrefois, _____

   _____

3. Obéissez-vous toujours à vos parents?

   Non, mais quand j'étais jeune, _____

   _____

4. Comprenez-vous les idées de vos parents?

   Non, mais quand j'avais cinq ans, _____

   _____

5. Finissez-vous toujours vos devoirs?

   Non, mais au début de l'année, _____

   _____

6. Faites-vous souvent des voyages?

   Non, mais il y a deux ans, _____

   _____

7. Êtes-vous timide?

   Non, mais à l'âge de seize ans, _____

   _____

8. Trouvez-vous le français très difficile?

   Non, mais au début de l'année, _____

   _____

USES OF THE IMPERFECT

C. **Quelques exemples** *(Some examples).* Complete each sentence with the correct imperfect-tense form of the verb in parentheses. Then explain why the imperfect is used in each sentence, using the categories listed on p. 264 of your text.

1. (prendre) Patrick _____ toujours le métro pour aller à l'université.

    _____

2. (aller) Marie-Ange n' _____ pas toujours en classe.

    _____

3. (étudier) Ils _____ souvent au café avec leurs copains.

    _____

4. (être) Un jour tous les copains _____ au café.

    _____

5. (faire) Il _____ beau et frais.

    _____

6. (se parler / regarder) Ils _____ et _____ les gens.

    _____

7. (avoir) Marie-Ange _____ l'air content.

    _____

8. (être) Patrick et Marie-Ange _____ heureux de ne pas être en classe.

    _____

9. (s'amuser) Ils _____ beaucoup.

    _____

10. Oh là là! Mais soudain, Madame Martin, leur prof d'anglais, est arrivée, alors ils n'_____ (avoir) plus envie de rester au café.

    _____

11. (vouloir) Ils _____ rentrer.

    _____

12. (être) Ils n'_____ plus contents.

    _____

THE *PASSÉ COMPOSÉ* VS. THE IMPERFECT TENSE

D. **Quelques contrastes** *(Some contrasts).* Complete the sentences with the **passé composé** or the imperfect of the verbs in parentheses, depending on the context.

1. (faire) Vendredi dernier, je (j') _____ la connaissance du nouvel étudiant français.

2. (avoir) Le semestre dernier il _____ cinq cours!

3. (finir) Ce concert _____ après minuit.

4. Nous _____ (aller) à ce concert aussi.

5. (étudier / téléphoner) Je (J') _____ quand mon amie _____ de New York.

6. (sortir) Elle _____ avec Marc le week-end dernier!

7. (sortir) Mais non! Elle _____ toujours avec Paul.

8. (être) Pour moi, les vacances ne (n') _____ pas bonnes.

9. (voyager / travailler) L'été dernier, est-ce que tu _____ ou tu _____ ?

10. (aller / travailler) Je (J') _____ deux fois à la plage, mais autrement je (j')
    _____ .

11. (pleuvoir / rentrer) Il _____ quand je (j') _____ . (s'installer) Alors, je (j')
    _____ devant la télé. (vouloir) Je (J') _____ me reposer.

12. (aller / avoir) Le semestre dernier je (j') _____ toujours en classe, mais je (j')
    _____ des notes médiocres à la fin.

E. **Une soirée idéale.** Fill in each blank with the **passé composé** or the imperfect of the verb in parentheses, depending on the context.

Samedi soir je _____ (sortir) avec mon ami(e). Nous _____ (aller) au

nouveau restaurant français. Je ne (n') _____ (connaître) pas ce restaurant. Nous

_____ (prendre) du poulet et nous _____ (commander) du vin. Le repas

_____ (être) très bon. Il y _____ (avoir) beaucoup de gens dans le restaurant; tout

le monde _____ (bavarder) et _____ (s'amuser) beaucoup. Nous

_____ (finir) notre repas avec du café et nous _____ (quitter) le restaurant pour

faire une promenade. Il _____ (faire) très beau. Pendant que nous _____ (se

promener), nous _____ (rencontrer) notre copain Jean-Paul. Il _____ (proposer)

d'aller prendre un verre au café, et nous _____ (accepter). Nous _____ (partir) du

café vers onze heures. Nous ne _____ (vouloir) pas rentrer, mais nous _____

(avoir) des projets pour le matin suivant. Je (J') _____ (arriver) à la maison vers minuit et je (j') _____ (se coucher) tout de suite. Je (J') _____ (s'amuser) et

je (j') _____ (passer) une bonne soirée.

F. **Des réponses plus spontanées** *(More spontaneous answers)*. Rewrite each statement, replacing the noun with the appropriate object pronoun (**le, la,** or **les**).

MODÈLE: J'ai vu le nouveau film français.
            Je l'ai vu.

1. Je n'aime pas les clubs de rencontres.

    _____

2. Il adore son cours de français.

    _____

3. Les étudiants français fréquentent souvent les cafés.

    _____

4. Nous regardons les matches de football à la télé.

    _____

5. J'ai retrouvé mon camarade de chambre au magasin.

    _____

6. On détestait les examens de ce prof.

    _____

7. Tu prends la voiture de Paul.

    _____

8. Elle va acheter la robe jaune.

    _____

9. Nous avons pris le train.

    _____

10. Je peux faire cet exercice.

    _____

G. **Qu'en dites-vous?** *(What do you say about that?)* A French friend is asking you questions about your activities. Answer each question using the cue and the appropriate object pronoun (**le, la,** or **les**).

1. Tu aimes la musique rock? (oui)

    _____

2. Tu regardes souvent la télé? (oui)

    _____

3. Est-ce que les étudiants de français parlent souvent le français? (oui)

   _____

4. On va passer les vacances en Floride? (non)

   _____

5. Est-ce que tes camarades de chambre font quelquefois la vaisselle? (rarement)

   _____

6. Est-ce que tu prends souvent le train? (non)

   _____

7. As-tu aimé notre dernier examen de biologie? (non)

   _____

8. Tu paies cher tes livres? (oui)

   _____

9. Tu as acheté tes livres sur le campus? (toujours)

   _____

10. Tu vas voir ton (ta) petit(e) ami(e) ce soir? (oui)

   _____

SAVOIR (TO KNOW [HOW])

H. **Que savent-ils?** Complete each sentence with the appropriate present-tense form of **savoir**.

   1. Marc _____ la date de l'examen.
   2. Nous _____ le nom du nouvel étudiant français.
   3. _____-vous son numéro de téléphone?
   4. Tu _____ l'adresse du professeur.
   5. Les copains _____ à quelle heure le concert va commencer.
   6. Je ne _____ pas.

CONNAÎTRE (TO KNOW)

I. **Le connaissez-vous?** Complete each sentence with the appropriate present-tense form of **connaître**.

   1. Je _____ un bon restaurant français.
   2. _____-vous bien la littérature française?
   3. Tu ne _____ pas ce professeur?
   4. Elles _____ tout le monde.
   5. Nous ne _____ pas ce groupe.
   6. Marie-Ange _____ toutes les bonnes boîtes (nightclubs).

J. **Savoir ou connaître?** Complete each sentence with the appropriate present-tense form of **savoir** or **connaître**, depending on the context.

1. Elle _____ très bien danser.

2. Nous ne _____ pas son frère.

3. Est-ce tu _____ son nom?

4. Non, je ne _____ pas son nom.

5. Est-ce que vous _____ le nouvel étudiant français?

6. Oui, et je _____ aussi son adresse.

7. Que _____-vous de la physique nucléaire?

8. Ils ne _____ pas faire du ski.

9. Nous ne _____ pas cette station de ski.

10. _____-vous un bon restaurant près du campus?

VOUS Y ÊTES!

A. **À votre tour**

—Salut! Tu es allé(e) au cours de... vendredi (jeudi) dernier?

VOUS: _____

—Tu es arrivé(e) à l'heure ou tu étais en retard?

VOUS: _____

—Est-ce qu'il y avait beaucoup d'étudiants?

VOUS: _____

—Quel temps faisait-il?

VOUS: _____

—Qu'est-ce que le prof a fait? Est-ce qu'il / elle a donné un examen? Est-ce qu'il / elle a commencé une nouvelle leçon?

VOUS: _____

—Et toi, tu faisais bien attention?

VOUS: _____

—Est-ce qu'on a fait des exercices écrits?

VOUS: _____

—Est-ce que tu as compris la leçon?

VOUS: _____

—À quelle heure est-ce que le cours a fini?

VOUS: _____

—Tu attendais la fin de la leçon avec impatience?

VOUS: _____

—Et toi, qu'est-ce que tu avais envie de faire après le cours?

VOUS: _____

—Où es-tu allé(e)? Et qu'est-ce que tu as fait après le cours?

VOUS: _____

B. **Qu'est-ce qui se passait?** Complete each sentence with a verb in the imperfect to indicate what the setting was when the action took place.

MODÈLE: Quand j'ai vu mon copain, *il parlait à son professeur.*

1. Quand je suis arrivé(e) sur le campus, _____
   _____ .

2. Quand j'ai fait mon dernier voyage, _____
   _____ .

3. Quand je suis allé(e) voir le film d'épouvante, _____
   _____ .

4. Quand mon ami(e) a téléphoné, _____
   _____ .

5. Quand mes copains sont sortis, _____
   _____ .

6. Quand je suis rentré(e) hier, _____
   _____ .

7. Quand j'ai vu le film *(name of film),* _____
   _____ .

8. Quand j'ai décidé d'étudier le français, _____
   _____ .

C. **Des détails.** Each of the following paragraphs simply recounts a series of actions. *Rewrite* each paragraph by adding three verbs in the imperfect that describe the circumstances surrounding the situation. Do not change the verbs that are already in the **passé composé.**

   1. Vendredi, Marc a vu un accident. Une voiture est rentrée dans un piéton *(pedestrian).* Le piéton a été blessé *(hurt).* Une ambulance est arrivée et l'a amené à l'hôpital.

      _____

      _____

      _____

      _____

      _____

   2. Nous avons fait un voyage en Floride, mes camarades de chambre et moi. Nous nous sommes reposés sur la plage. Nous avons passé une semaine excellente.

      _____

      _____

      _____

      _____

      _____

   3. Je suis sorti(e) samedi avec mon ami(e). Je suis allé(e) le (la) retrouver sur le campus. Nous avons dîné dans un restaurant et puis nous sommes allés voir un film. Je suis rentré(e) à minuit.

      _____

      _____

      _____

      _____

      _____

D. **Hier.** Write a description of your day yesterday. Include verbs in the **passé composé** to tell what happened and verbs in the imperfect to describe the circumstances of those events.

   _____

   _____

   _____

   _____

   _____

   _____

   _____

E. **L'action ou les circonstances.** Each sentence below begins with either an action (**passé composé**) or a setting (imperfect). If a sentence begins with an action, complete it with a verb in the imperfect to indicate the setting. If a sentence begins with a setting, complete it with a verb in the **passé composé** to tell what action took place.

1.   Ce matin, quand j'allais à l'école, _____

   _____

2.   Quand le téléphone a sonné, _____

   _____

3.   Hier soir, j'étudiais quand _____

   _____

4.   J'avais mal à la tête quand _____

   _____

5.   Quand je suis arrivé(e) en cours de français, _____

   _____

6.   Quand j'ai rencontré mon (ma) camarade de chambre, _____

   _____

7.   Je regardais la télé quand _____

   _____

8.   Quand je suis sorti(e) ce matin, _____

   _____

F. **Des cas personnels.** For each situation, write three statements in the **passé composé** and three in the imperfect.

1.   Hier, en cours de français,...

   _____

   _____

   _____

   _____

   _____

   _____

2. Je viens de voir un film extraordinaire...

_____

_____

_____

_____

_____

_____

3. Pendant les vacances, j'ai fait un voyage...

_____

_____

_____

_____

G. **As-tu aimé l'émission?** Imagine that you missed watching your favorite television program last night, but that your friend saw it. **Make a list of ten questions in the passé composé** or the imperfect, as appropriate, to ask your friend about the program.

1. _____

2. _____

3. _____

4. _____

5. _____

6. _____

7. _____

8. _____

9. _____

10. _____

H. **Un feuilleton (suite).** Rewrite the soap opera begun in Chapter 8, p. 69, by adding descriptions in the imperfect to provide background and emotional dimension to the events of Samantha's life. Then add a second paragraph that completes Samantha's story. In writing your exciting finish, you will want to use verbs in both the **passé composé** and the imperfect.

_____

_____

_____

_____

_____

_____

_____

_____

_____

_____

_____

_____

_____

_____

SITUATIONS

A. **Un événement important** *(An important event).* Describe an important event in your life (a concert, a trip, a problem with a friend, etc.), using both the **passé composé** and the imperfect.

B. **Il était une fois.** You've been asked to write a TV screenplay for the French station *Antenne 2.* To get funding from the producer, you must submit a one-page summary of the situation and the basic story line. Compose the summary you would submit.

CHAPITRE 10
LES DISTRACTIONS

PRINCIPES

FORMATION OF ADVERBS

A. **Comment le font-ils?** *(How do they do it?)* Supply the adverb that corresponds to the adjective. Then rewrite the sentence, placing the adverb in the proper position.

MODÈLE: lent   *lentement*
Marc parle.
Marc parle lentement.

1. attentif _____
Les étudiants écoutent le professeur.

_____

2. indépendant _____
Elle travaille.

_____

3. élégant _____
Il s'habille.

_____

4. sérieux _____
Nous étudions.

_____

5. actif _____
Je cherche un poste.

_____

6. dynamique _____
Ce groupe joue.

_____

7. intelligent _____
Le prof explique les exercices.

_____

8. probable _____
   Il a des billets pour le concert.

   _____

9. ouvert _____
   Elle parle de ses problèmes.

   _____

10. sincère _____
    Ils se parlent.

    _____

B. **Des adverbes irréguliers.** Complete each sentence with the French adverb that corresponds to the English adverb in parentheses.

MODÈLE: *(well)* Elle travaille _____.
           Elle travaille *bien*.

1. *(yet)* Il n'est pas _____ venu.

2. *(quickly)* Cette nouvelle Ferrari va _____.

3. *(badly)* Le prof a _____ expliqué le problème.

4. *(soon)* Elles vont _____ arriver.

5. *(often)* J'ai _____ écouté cette cassette.

6. *(quickly)* Il a _____ compris le problème.

7. *(well)* Cet étudiant écoute _____.

8. *(already)* J'ai _____ vu ce groupe en concert.

C. **Comment le fait-on?** *(How do they do it?)* Complete each sentence with the French equivalent of the English phrase in parentheses.

MODÈLE: *(as attentively as)* Marie-Ange étudie _____ Robert.
           Marie-Ange étudie *aussi attentivement que* Robert.

1. *(as badly as)* Ce groupe joue _____ le groupe du dernier concert.

2. *(as sincerely as)* Hélène discute _____ Marc.

3. *(less well than)* Ils travaillent _____ les autres étudiants.

4. *(better than)* Ce professeur parle _____ mon prof de maths.

5. *(less elegantly than)* Il s'habille _____ son camarade de chambre.

6. *(the most attentively of)* Marc travaille _____ tous les étudiants.

7. *(the best of)* Dans ce groupe Phil Collins chante _____ tous les musiciens.

8. *(less seriously than)* Je fais du sport _____ mes amis.

9. *(the best of)* Cette voiture marche _____ toutes les voitures de 1990.

10. *(as well as)* Mais elle marche _____ les voitures de 1989.

COMPARISONS AND CONTRASTS: ADJECTIVES

D. **À votre avis...** *(In your opinion...)* Use the cues to write logical comparisons.

MODÈLE: une voiture de 1990 / une voiture de 1989 / moderne
Une voiture de 1990 est plus moderne qu'une voiture de 1989.

1. une moto / une voiture / rapide

   _____

2. des vacances à la maison / des vacances au Club Med / cher

   _____

3. un cours de français / un cours de physique / difficile

   _____

4. un C.D. / un album / moderne

   _____

5. un C.D. / un album / bon

   _____

6. un baladeur / une chaîne stéréo / pratique

   _____

7. une cassette / un disque / démodé

   _____

8. un groupe punk / un groupe new wave / à la mode

   _____

9. un film de Bette Midler / un film de Richard Pryor / amusant

   _____

10. une Porsche / une Chevette / beau

   _____

E. **Super!** Use the cues to create the appropriate superlative sentences.

MODÈLES: Paris est / grand / ville / France
Paris est la plus grande ville de France.

                Charles de Gaulle est / aéroport / moderne / France
Charles de Gaulle est l'aéroport le plus moderne de France

1. la Statue de la Liberté est / monument / célèbre / États-Unis

   _____

2. la Rolls est / voiture / cher / le monde

_____

3. *Autant en emporte le vent (Gone with the Wind)* est / long / film / l'histoire du cinéma

_____

4. Ronald Reagan a été / président / âgé / l'histoire

_____

5. la reine Elizabeth est / femme / célèbre / Angleterre

_____

6. le Rhode Island est / petit / état / États-Unis

_____

7. le Concorde est / avion / rapide / le monde

_____

8. Michael Jackson est / bon / chanteur / le monde

_____

9. le World Trade Center est / haut / bâtiment / New York

_____

10. le cours de français est / cours / intéressant / année

_____

COMPARISONS AND CONTRASTS: NOUNS

F. **Plus ou moins.** Use the cues to compare the quantities of items. A plus sign means "more than," a minus sign means "less" or "fewer than," and an equal sign means "as much" or "as many as."

MODÈLE: Marc a / + disques / Jean-Michel
Marc a plus de disques que Jean-Michel.

1. j'ai / = cours / mon camarade de chambre

_____

2. nous avons / – C.D. / nos amis

_____

3. elles ont / + vêtements / les étudiantes françaises

_____

4. les jeunes Français ont / – voitures / les jeunes Américains

_____

5. en France il y a / = concerts de rock / aux États-Unis

_____

6. dans le cours de français, on fait / + travail / dans le cours d'éducation physique

_____

7. les jeunes Français regardent / – émissions à la télé / les jeunes Américains

_____

8. les jeunes Français achètent / = C.D. / les jeunes Américains

_____

INDIRECT-OBJECT PRONOUNS *LUI* AND *LEUR*

G. **Des réponses personnelles.** Your French pen pal has written you a letter containing the following questions. Answer the questions according to the cues in parentheses, using **lui** or **leur** in your answers.

MODÈLE: Tu parles en français à ton prof de français? (oui / quelquefois)
Oui, je lui parle quelquefois en français.

1. Tu écris souvent à tes amis qui habitent loin? (oui / souvent)

_____

2. Tu parles souvent à ton/ta petit(e) ami(e) au téléphone? (oui/très souvent)

_____

3. Tu empruntes *(borrow)* de l'argent à tes parents? (non/jamais)

_____

4. Tu prêtes *(loan)* des vêtements à ton/ta camarade de chambre? (oui)

_____

5. Tu téléphones tous les jours à tes parents? (non/pas tous les jours)

_____

6. Tu vas donner quelque chose à ton/ta petit(e) ami(e) pour son anniversaire? (oui)

_____

7. As-tu envoyé des cartes postales à tes amis quand tu as voyagé en France? (non)

_____

8. Est-ce que tu as téléphoné récemment à notre copine Jacqueline à Paris? (oui/il y a une semaine).

_____

DISJUNCTIVE PRONOUNS

H. Qui? Complete each sentence with the disjunctive pronoun that refers to the person(s) in parentheses.

MODÈLE: (ma mère) Je vais acheter cela pour _____.
                  Je vais acheter cela pour *elle*.

1. (leurs parents) Ils habitent toujours chez _____.

2. (Bruno et moi) Qui a fait cela? _____.

3. (le prof d'anglais) Le prof de français explique toujours mieux que _____.

4. (Marie-Ange et Jeanne) Vous parlez toujours d'_____?

5. (les garçons) _____, ils n'ont pas l'intention de faire ce voyage.

6. (sa copine) Elle achète plus de disques qu'_____.

7. (Marc) Qui n'a pas compris? _____.

8. (tu) _____, tu as gagné la loterie?

9. (sa petite amie) Il ne sort plus sans _____.

10. (je) _____, j'adore mon cours de français.

I. Qui? *(Suite)* Complete each sentence with the French equivalent of the English cue in parentheses. Use a disjunctive pronoun in each response.

MODÈLE: *(I study)* _____ plus sérieusement que lui.
                Moi, j'étudie plus sérieusement que lui.

1. *(before you)* Je ne vais pas partir _____.

2. *(as she)* Peut-être, mais tu ne viens pas en classe aussi régulièrement _____.

3. *(Me)* Mademoiselle Piggy a regardé Kermit et a demandé: «_____?»

4. *(for them)* Tu ne vas pas acheter cela _____?

5. *(He knows)* _____ la bonne réponse.

6. *(than they)* Elle va probablement arriver plus tard _____.

7. *(with them)* Avec Stéphane et Jacques? Tu voyages vraiment _____?

8. *(than I)* Mais toi, tu le sais mieux _____.

OFFRIR (TO OFFER)

J. Qu'est-ce que nous offrons à Maguy? It's Maguy's birthday. Complete each sentence with the appropriate form of **offrir** to tell what each person is giving her as a gift.

1. Je lui _____ des cassettes.

2. Nous lui _____ un repas au restaurant.

3. Laurence lui _____ une chemise.

4. Ses parents lui _____ un voyage.

5. Vous lui _____ des livres.

6. Qu'est-ce que tu lui _____?

K. **À quelle heure est-ce que cela va ouvrir?** You are in Paris trying to plan your schedule for the day. Use the appropriate form of **ouvrir** to indicate at what time each site opens.

1. Le Louvre _____ à neuf heures.

2. Les Galeries Lafayette _____ aussi à neuf heures.

3. Pardon, Monsieur. À quelle heure est-ce que vous _____ les portes des Invalides?

4. Nous _____ les portes à onze heures.

5. Et les magasins chics de la rue de Rivoli? Ils _____ vers dix heures.

VOUS Y ÊTES!

A. **À votre tour**

—Salut! Tu es allé au concert de *(name of group)?*

VOUS: _____

—Ah bon. Est-ce que tu as pu avoir des billets pour le concert de *(name of artist or group)?* Moi, j'ai essayé trop tard et les billets étaient tous vendus.

VOUS: _____

—En général, tu préfères le rock américain au new wave anglais?

VOUS: _____

—Tu trouves la musique anglaise plus intellectuelle que la musique américaine?

VOUS: _____

—Quelle sorte de musique aimes-tu?

VOUS: _____

—Et comme groupes, lesquels est-ce que tu aimes?

VOUS: _____

—Tu les as vus en concert?

VOUS: _____

—Comment était le concert?

VOUS: _____

—Dis, tu veux m'accompagner au concert de *(name of artist or group)?*

VOUS: _____

—Moi, je t'offre le billet et c'est toi qui paies le dîner. OK?

VOUS: _____

B. **Comment?** Answer each question with an adverb that describes how you do each thing.

1. Comment est-ce que vous dansez?

   _____

2. Comment répondez-vous aux questions du prof dans le cours de français?

   _____

3. Comment faites-vous la cuisine?

   _____

4. Comment parlez-vous?

   _____

5. Comment parle votre meilleur(e) ami(e)?

   _____

6. Comment écoutent vos parents?

   _____

7. Comment danse votre petit(e) ami(e)?

   _____

8. Comment chantez-vous?

   _____

9. Comment étudiez-vous?

   _____

C. **Quelques comparaisons.** Write six statements comparing various family members. Use the items below as suggestions.

bavard	sensible	beau
extroverti	ennuyeux	bon
jeune	gentil	timide
amusant	âgé	intelligent

MODÈLE: *Mon père est plus bavard que ma mère.*

1. _____

2. _____

3. _____

4. _____

5. _____

6. _____

Nom: _____   Cours: _____

D. **Moi et les autres.** Write a sentence to compare each pair of persons.

 MODÈLE: vous et votre camarade de chambre
   Je suis plus sérieux(-euse) que mon (ma) camarade de chambre.

 1. vous et votre frère ou sœur

 _____

 2. vous et votre meilleur(e) ami(e)

 _____

 3. vous et votre camarade de chambre

 _____

 4. deux amis

 _____

 5. deux camarades de chambre

 _____

 6. votre prof de français et votre prof de (?)

 _____

E. **Combien?** Use the cues provided to compare the quantity of the items possessed.

 MODÈLE: moi / disques / mon ami(e)
   J'ai plus (moins / autant) de disques que mon ami(e).

 1. moi / vêtements / mon (ma) camarade de chambre

 _____

 2. moi / cassettes / mon ami(e)

 _____

 3. mon ami(e) / cours / mon (ma) camarade de chambre

 _____

 4. moi / travail / mon copain

 _____

 5. moi / amis / mes camarades de chambre

 _____

 6. moi / problèmes / mon (ma) petit(e) ami(e)

 _____

F. **Comment sont-ils?** For each drawing, write at least three sentences that compare and contrast the persons or items shown.

1.

U2

les Beatles

_____
_____
_____
_____

2.

_____
_____
_____
_____

3.

Twisted Sister

Kiss

_____
_____

_____

_____

4.

Barbara Streisand

Cyndi Lauper

_____

_____

_____

_____

SITUATIONS

A. **Ils sont comme ça.** Compose a short paragraph to compare two people in your life (roommates, professors, people you have dated, etc.) Use as many of the comparative and superlative constructions from this chapter as possible.

B. **Un style de vie très différent** *(A very different life-style).* Here are some statements about the life-style of a typical student in France. Compose a series of sentences that compare your life-style to that of your French counterpart.

Il a normalement quatre cours.
Il n'a pas de camarade de chambre.
Ses livres scolaires coûtent très peu.
Il ne parle presque jamais à ses professeurs.
Ses repas au Resto-U ne coûtent pas cher.
Il a seulement un ou deux examens pendant le semestre.
Il n'écrit pas beaucoup de dissertations.
Il parle rarement en classe.
Il n'a pas beaucoup de vêtements.
Il n'étudie pas régulièrement.
Il a seulement un ou deux vrais amis.
Il va à un ou deux concerts par an.

CHAPITRE 11
LES ÉTUDES

PRINCIPES

THE OBJECT PRONOUNS *ME, TE, NOUS,* AND *VOUS*

A. **Et vous?** Use the cue that indicates the person(s) being addressed to answer each question affirmatively.

> MODÈLE: (Paul et Jeanne) Vos profs vous donnent beaucoup d'examens?
> *Oui, ils nous donnent beaucoup d'examens.*

1. (Marie) Tes parents te donnent de l'argent?

    _____

2. (les étudiants de français) Est-ce que votre professeur vous parle en français?

    _____

3. (Jean-Michel) Est-ce que ton camarade de chambre t'emprunte des vêtements?

    _____

4. (vous) Est-ce que vos professeurs vous parlent quelquefois après les cours?

    _____

5. (les étudiants de français) Est-ce que votre professeur vous voit souvent sur le campus?

    _____

6. (vous) Est-ce que vos camarades de chambre vous demandent de l'aide *(help)?*

    _____

7. (vous) Est-ce que votre conseiller vous aide à préparer votre emploi du temps?

    _____

8. (Stéphane) Tes copains t'écrivent souvent?

    _____

SUIVRE / RECEVOIR

B. **Quels cours suivent-ils?** Complete each sentence with the appropriate form of **suivre.**

1. Je _____ un cours de français.

2. Marie-Ange et Hélène _____ trop de cours.

3. Nous _____ un cours de français ensemble.

4. Stéphane ne _____ pas de cours d'anglais.

5. Quels cours est-ce que vous _____?

6. Tu _____ des cours de commerce?

C. **Ont-ils des bonnes notes?** Complete each sentence with the appropriate form of **recevoir**.

1. Tu _____ des A.

2. En français, normalement, je _____ des B.

3. Nous _____ des bonnes notes.

4. Le pauvre Stéphane _____ un D en cours d'anglais.

5. Je _____ des notes excellentes en français.

DIRE, ÉCRIRE, AND LIRE

D. **Qu'en dites-vous?** *(What do you say about that?)* Complete each sentence with the appropriate form of **dire**.

1. Marie _____ qu'elle n'aime pas son conseiller.

2. Nous _____ que le français est intéressant.

3. Ces étudiants _____ que le cours de finance est difficile.

4. Que _____ -tu?

5. Je _____ que je veux recevoir mon diplôme.

6. Vous _____ que votre cours de maths est ennuyeux.

E. **On écrit beaucoup.** Complete each sentence with the appropriate form of **écrire**.

1. J'_____ une longue dissertation en cours d'histoire.

2. Nous _____ des dissertations en cours de français.

3. Les profs _____ des corrections sur nos dissertations.

4. Marie-Ange _____ une thèse en anglais.

5. En quel(s) cours est-ce que tu _____ beaucoup?

6. Vous _____ souvent à vos parents?

F. **Que lisent-ils?** Complete each sentence with the appropriate form of **lire**.

1. Marc _____ *Sports Illustrés.*

2. Mes parents _____ le journal.

3. Tu _____ quelquefois un texte en français.

4. Nous _____ *Elle,* une revue française.

5. Vous _____ beaucoup?

6. Je _____ souvent.

IMPERATIVES

G. **Qu'est-ce que tu dis?** Use the cue to write a command to the person indicated in parentheses.

MODÈLE: (à votre camarade de chambre) rentrer avant huit heures
            Rentre avant huit heures.

1. (à votre copine) venir au magasin avec moi

    _____

2. (à vos parents) envoyer de l'argent

    _____

3. (à votre petit[e] ami[e]) être patient(e)

    _____

4. (à votre camarade de chambre) répondre au téléphone

    _____

5. (à vos camarades de classe) prendre des notes pour moi

    _____

6. (à votre conseiller) finir mon emploi du temps, s'il vous plaît

    _____

7. (à votre prof de psycho) avoir un peu de patience

    _____

8. (à votre prof de français) parler plus lentement

    _____

IMPERATIVES FOLLOWED BY OBJECT PRONOUNS

H. **Ce que dit le professeur** *(What the professor is saying).* Use the cues to write commands you might hear in French class. Form the command and replace the noun with an appropriate object pronoun.

1. finir / vos compositions

    _____

2. écrire / l'exercice

    _____

3. lire / la lecture

    _____

4. préparer / vos devoirs

    _____

5. ne pas vendre / vos livres

_____

6. étudier / le français l'année prochaine

_____

7. ne pas écrire / les exercices oraux

_____

8. ne pas ouvrir / vos livres

_____

IMPERATIVE OF REFLEXIVE VERBS

I. **Des camarades de chambre.** Pauline is having trouble with her roommates. Use the cues to write commands to the person(s) indicated.

1. Monique, _____ (se coucher) avant une heure.

2. Annie et Agnès, _____ (ne pas se disputer)

3. Marie-Ange, _____ (se lever) avant onze heures.

4. Et Agnès, _____ (ne pas se laver) à minuit.

5. Monique, toi et ton ami, _____ (ne pas se téléphoner) si souvent.

6. Annie, _____ (ne pas se maquiller) dans ma chambre.

J. **Je voudrais proposer...** *(I would like to propose...)* Use the cue to propose an activity to the group indicated in parentheses.

MODÈLE: (à vos amis) dîner au Resto-U
          Dînons au Resto-U.

1. (à vos camarades de chambre) ne pas se disputer

_____

2. (à vos camarades de chambre) faire la cuisine

_____

3. (à votre classe de français) étudier ensemble

_____

4. (à un étudiant français) parler français

_____

5. (à vos copains) aller au cinéma vendredi soir

_____

6. (à votre ami) s'écrire pendant les vacances

_____

THE RELATIVE PRONOUN *QUI* / THE RELATIVE PRONOUN *QUE*

K. **Qui ou que?** Complete each sentence with the appropriate relative pronoun — **qui** or **que (qu')**.

1. Voilà le prof _____ donne des cours à la faculté de commerce.

2. Ce n'est pas un cours _____ je veux suivre.

3. Nous n'allons pas aux restaurants _____ sont près du campus.

4. C'est mon conseiller _____ je vais consulter.

5. C'est mon camarade de chambre _____ est fort en maths.

6. C'est dans le bâtiment administratif _____ on s'inscrit.

7. Elle a choisi une spécialisation _____ va prendre trois ans.

8. C'est ce cours-là _____ est difficile.

L. **Des liens importants** *(Some important connections)*. Combine each pair of sentences using the appropriate relative pronoun — **qui** or **que.**

MODÈLE: Je ne veux pas suivre ce cours. Ce cours est à trois heures.
           Je ne veux pas suivre ce cours qui est à trois heures.

1. On m'a dit de consulter un conseiller. Je n'aime pas ce conseiller.

_____

2. Je suis un cours de finance. Le cours de finance est dans l'amphithéâtre.

_____

3. Il a raté l'examen. Nous avons passé cet examen vendredi.

_____

4. Nous avons besoin de suivre ce cours. Ce cours est obligatoire.

_____

5. Il a reçu des notes. Il n'aime pas ces notes.

_____

6. Elles ne font jamais les devoirs. Les devoirs sont importants dans le cours de comptabilité.

_____

7. C'est une bonne spécialisation. Cette spécialisation est toujours utile.

_____

8. Je vais m'inscrire aux cours obligatoires. Je trouve les cours obligatoires assez intéressants.

_____

VOUS Y ÊTES!

A. **À votre tour**

—Ah, bonjour. Tu peux peut-être m'aider. Je ne comprends pas très bien le système dans cette université. Par exemple, combien de cours est-ce qu'on a normalement?

VOUS: _____

—Et toi, combien de cours est-ce que tu as ce semestre?

VOUS: _____

—Ah bon. Quels cours est-ce que tu as?

VOUS: _____

—Tu as tous ces cours tous les jours?

VOUS: _____

—Ah oui, je comprends maintenant. Mais tu as toujours des devoirs à préparer pour chaque cours?

VOUS: _____

—Est-ce que le professeur donne une conférence ou est-ce qu'il pose des questions aux étudiants?

VOUS: _____

—Combien d'étudiants y a-t-il dans chacune de tes classes?

VOUS: _____

—Ce n'est pas beaucoup comparé au nombre d'étudiants dans une classe en France. Tu as des cours généraux obligatoires ou des cours spécialisés?

VOUS: _____

—Tu es étudiant(e) de deuxième ou de troisième année?

VOUS: _____

—Qu'est-ce que tu fais comme études?

VOUS: _____

—Vraiment? Écoute, je vais dans ma chambre pour faire mes devoirs. Tu veux étudier aussi un peu, puis après on peut aller prendre un verre?

VOUS: _____

B. **Des questions personnelles.** Answer the following questions, based on your personal experience.

1. Est-ce que vos parents vous envoient régulièrement de l'argent?

_____

2. Est-ce que vos professeurs vous parlent souvent après les cours?

   _____

3. Est-ce que vos amis vous voient souvent au Resto-U?

   _____

4. Est-ce que votre petit(e) ami(e) vous comprend?

   _____

5. Est-ce qu'il (elle) vous écoute quand vous avez un problème?

   _____

6. Est-ce que vos parents vous téléphonent souvent?

   _____

7. Est-ce qu'ils vous écrivent souvent?

   _____

8. En cours de français, est-ce que le prof vous donne beaucoup de dissertations à faire?

   _____

9. En cours de français, est-ce que le prof vous parle souvent en français?

   _____

10. Est-ce que vos professeurs vous donnent beaucoup d'examens?

    _____

C. **Qu'est-ce qu'il faut faire?** *(What should you do?)* Respond to each situation by writing a logical command.

   MODÈLE: Votre ami(e) rentre à deux heures du matin très fatigué(e).
               Couche-toi. OR *Ne sors pas si souvent.*

   1. Votre prof de français annonce un examen pour lundi matin.

      _____

   2. Votre copain veut sortir mais n'a pas d'argent.

      _____

   3. Votre camarade de chambre a un examen à huit heures du matin et il/elle est toujours au lit à sept heures.

      _____

   4. Votre petit(e) ami(e) propose de sortir samedi soir mais il/elle ne sait pas quoi faire.

      _____

5. Un(e) de vos ami(e)s veut trouver un cours facultatif intéressant à suivre le semestre prochain.

_____

6. Un(e) étudiant(e) vous demande ce qu'il faut faire pour avoir de bonnes notes en français.

_____

7. Un(e) étudiant(e) annonce qu'il (elle) voudrait faire du jogging.

_____

8. Pendant la soirée un copain annonce qu'il est très fatigué et qu'il va devoir travailler demain matin.

_____

9. Un(e) étudiant(e) dit qu'il (elle) ne sait pas quels cours il faut suivre pour se spécialiser en philosophie.

_____

10. Votre ami(e) dit qu'il (elle) vient de finir son dernier cours et qu'il (elle) a soif.

_____

D. **Des ennuis avec les camarades de chambre** *(Problems with roommates).* Read the following passage about Philippe's problems with his roommates. Then write at least five commands that you would give his roommates if you were he.

Je ne m'entends pas bien avec mes camarades de chambre. D'abord ils ont des habitudes énervantes *(annoying).* Ils allument le poste de télé à trois heures du matin. Ils mettent la chaîne stéréo beaucoup trop fort et ils ne rangent jamais leurs affaires. En plus, ils fument dans toutes les pièces *(rooms)* de l'appartement. Moi, j'aime me coucher tôt, mais ils se couchent très, très tard et puis, ils se lèvent à midi.

Et ils ne font jamais de corvées *(tasks)* dans l'appartement. Ils ne nettoient jamais la cuisine; ils ne font jamais la vaisselle. Ils ne répondent même pas au téléphone. Mais le comble *(worst)* c'est qu'ils ne paient pas régulièrement leur part du loyer *(rent).*

1. _____

2. _____

3. _____

4. _____

5. _____

E. **Pour réussir?** Your French friend is new to the American university system. Write three commands telling him (her) what to do to be successful in an American university.

1. _____

2. _____

3. _____

F. **Chez moi...** All parents love to give orders. List the five most frequent commands you heard while you were growing up.

1. _____

2. _____

3. _____

4. _____

5. _____

G. **Comment?** Complete each sentence based on your personal experience.

1. J'ai un(e) ami(e) qui _____ .

2. J'ai un(e) petit(e) ami(e) qui _____ .

3. J'ai un prof que _____ .

4. Mes parents ne savent pas que _____ .

5. J'aime les profs qui _____ .

6. Mon (ma) meilleur(e) ami(e) est une personne que _____ .

7. Je sais que _____ .

8. Je connais un prof qui _____ .

SITUATIONS

A. **Et chez toi, comment est-ce que ça marche?** *(And how do things work at your place?)* Your French pen pal wants to know what your life at the university is like. Write him (her) a short letter describing your courses, schedule, professors, and leisure activities.

B. **La vie scolaire.** Student life has its ups and downs. Write a paragraph describing your academic situation at some point in the past (such as in high school, your freshman year, last semester, etc.)

CHAPITRE 12
LES INTERVIEWS

PRINCIPES

FORMATION OF THE CONDITIONAL

A. **Ce qu'ils feraient.** Complete each sentence with the appropriate conditional form of the verb in parentheses to tell what the people would do if they had the time.

1.   (téléphoner) Stéphane _____ à ses parents en France.

2.   (finir) Je _____ ma composition pour le cours de français.

3.   (chercher) Nous _____ un travail pour l'été.

4.   (sortir) Mes copains _____.

5.   (vendre) Hélène _____ sa bicyclette.

6.   (passer) Vous _____ l'après-midi au magasin.

B. **Si tout était possible...** Complete each sentence with the appropriate conditional form of the verb in parentheses to tell what the people would do if anything were possible.

1.   (aller) Moi, j'_____ en France.

2.   (se faire) Marc _____ astronaute.

3.   (avoir) Nous _____ un million de dollars.

4.   (venir) Robert et Marie-Ange _____ aux États-Unis.

5.   (vouloir) Que _____ -tu faire?

6.   (recevoir) Vous _____ votre diplôme demain.

7.   (être) Hélène _____ responsable de marketing chez IBM.

8.   (voir) Stéphane _____ ses parents plus souvent.

9.   (pouvoir) Je _____ trouver un poste excellent.

10. (aller) Vous _____ travailler à Paris.

USES OF THE CONDITIONAL

C. **Il faut être poli.** *(One must be polite.)* Rewrite each sentence by putting the verb in the conditional to make the request or statement more polite.

1.   Avez-vous une chambre pour deux personnes, s'il vous plaît?

   _____

2. Est-ce que tu peux m'aider un instant?

_____

3. Moi, je prends le steak avec des frites.

_____

4. Voulez-vous passer le week-end avec nous?

_____

5. Est-ce que vous pouvez m'appeler un taxi, s'il vous plaît?

_____

6. Je veux travailler pour votre entreprise, Madame.

_____

D. **Si seulement** *(If only)!* Supply the appropriate tense and form of the verb in parentheses. Be careful. The si-clause may occur in any position in the sentence.

MODÈLES: (essayer) Si tu _____ , tu pourrais trouver un bon poste.
Si tu *essayais,* tu pourrais trouver un bon poste.

(devenir) S'il faisait les études nécessaires, il _____ médecin.
S'il faisait les études nécessaires, il *deviendrait* médecin.

1. (aller) Si l'entreprise me donnait un bon salaire, j'_____ travailler en Australie.

2. (pouvoir) Il ferait une demande d'emploi chez Rhône-Poulenc s'il _____ travailler aux États-Unis.

3. (avoir) Si vous aviez congé, vous _____ l'occasion de voyager avec nous.

4. (prendre) Si cette société voulait me donner des responsabilités, je _____ le poste disponible.

5. (devenir) Si son camarade de chambre se spécialisait en sociologie, il _____ assistant social.

6. (se spécialiser) Si tu voulais travailler pour ton père, tu _____ en marketing.

7. (être) Vous pourriez devenir ingénieur si vous _____ plus fort en maths.

8. (avoir) Mes camarades de chambre iraient à cette interview s'ils _____ le temps.

THE INTERROGATIVE ADJECTIVE *QUEL*

E. **On cherche du travail.** Complete each question with the appropriate form of **quel**.

1. À _____ interviews est-ce que tu vas aujourd'hui?

2. _____ sorte de poste cherche-t-il?

3. _____ jours de congé ont-elles?

4. Pour _____ raisons voudriez-vous être programmeur?

5. _____ salaire minimum accepteriez-vous?

6. _____ petites annonces as-tu lues pour trouver ton poste?

7. _____ est l'entreprise qui t'as offert le poste?

8. À _____ entreprises est-ce que tu vas faire des demandes d'emploi?

F. **J'ai besoin d'en savoir davantage.** *(I need to know more.)* Imagine the following statements have been made to you. Respond by asking a question with the appropriate form of **quel.**

MODÈLE: J'ai eu deux interviews aujourd'hui.
            Quelles interviews est-ce que tu as eues?

1. Pour cette interview, il faut porter une certaine tenue.

_____

2. J'ai trouvé ce poste dans les petites annonces.

_____

3. Nous avons deux postes disponibles.

_____

4. Elle va être représentante pour cette entreprise.

_____

5. Il va devenir vendeur d'une certaine marque de voiture.

_____

6. Je vais faire des études dans une université française.

_____

7. Elles vont avoir trois jours de congé.

_____

8. Nos amis vont se faire avocats.

_____

THE INTERROGATIVE PRONOUN *LEQUEL*

G. **Lequel?** Complete each question with the appropriate form of **lequel.**

1. On t'offre deux postes? _____ est-ce que tu vas accepter?

2. On peut seulement aller à deux interviews. (À) _____ vas-tu?

3. Il y a plusieurs avantages à travailler pour cette entreprise? _____ ?

4. Il faut porter une tenue spéciale pour cette interview? _____ ?

5. Tu as trois jours de congé? _____ ?

6. Ils ont accepté seulement deux des candidats? _____ ont-ils acceptés?

THE ADJECTIVE *TOUT*

H. **Tout est clair.** Complete each sentence with the appropriate form of the adjective **tout**.

1. Il a trouvé la solution à _____ ses problèmes.

2. _____ la classe va voir ce film.

3. Le prof nous a donné _____ un chapitre à lire pour demain.

4. _____ sa famille habite à Montpellier.

5. _____ les entreprises cherchent des programmeurs.

6. _____ ses demandes ont été rejetées.

7. _____ les bureaux de placement sont les mêmes.

8. Il a passé _____ l'heure à me poser des questions.

I. **Tout ou rien.** Complete each sentence with the French equivalent of the English phrase in parentheses.

1. *(all the candidates)* _____ ont eu une interview.

2. *(all her job applications)* Elle a déjà envoyé _____.

3. *(the whole interview)* Il a parlé pendant _____.

4. *(their whole career)* Ils ont travaillé en Afrique pendant _____.

5. *(every candidate)* _____ préparent un C.V.

6. *(all his days off)* Il passe _____ à la bibliothèque.

7. *(all executives)* _____ cherchent des employés doués.

8. *(a whole industry)* Il y a _____ qui prépare les gens pour des bonnes interviews.

VOUS Y ÊTES!

A. **À votre tour**

Bonjour, Monsieur (Mademoiselle, Madame). Asseyez-vous, s'il vous plaît. D'abord, expliquez-moi un peu les études que vous avez faites.

VOUS: _____

—Quels cours spécialisés avez-vous suivis?

VOUS: _____

—Quel diplôme avez-vous?

VOUS: _____

—Avez-vous de l'expérience?

VOUS: _____

—Quelles étaient vos responsabilités?

VOUS: _____

—Quelle sorte de poste cherchez-vous?

VOUS: _____

—Vous êtes prêt(e) à voyager?

VOUS: _____

—Quel est l'aspect le plus important d'un travail pour vous?

VOUS: _____

—Est-ce que vous avez des questions à me poser?

VOUS: _____

—Très bien, Monsieur (Mademoiselle, Madame). Vous devriez recevoir les résultats de cette interview dans quelques jours. Merci et au revoir.

VOUS: _____

B. **Des situations idéales.** Complete each sentence with a clause in the conditional to describe your ideal situation.

1. Si j'avais un million de dollars...

   _____

2. Si je trouvais le poste idéal...

   _____

3. Si je pouvais faire le voyage idéal...

   _____

4. Si je pouvais faire d'autres études...

   _____

5. Si je trouvais le (la) petit(e) ami(e) idéal(e)...

   _____

6. Si j'avais le temps...

   _____

7. Si je pouvais habiter n'importe où dans le monde...

   _____

8. Si j'avais une année complètement libre...

   _____

C. **Qu'est-ce que je pourrais devenir?** Imagine that your friends make the following statements about their fields of interest, major programs of study, tastes, etc. Use the conditional to give each person advice about what he or she could become or do.

1. Moi, je me suis spécialisée en biologie et j'adore les plantes vertes.

   _____

   _____

2. Mon ami fait des études de psychologie; il est très sensible et il aime les jeunes.

   _____

   _____

3. J'ai fait de la chimie et de la physique parce que c'est dans les sciences qu'on gagne beaucoup d'argent.

   _____

   _____

4. Mon père m'a forcé à faire des études de commerce, mais je voudrais travailler dans un secteur où je pourrais aider les autres.

   _____

   _____

5. Ma copine s'est spécialisée en philosophie et maintenant elle cherche un emploi. Elle adore parler et discuter avec les autres.

   _____

   _____

6. Je fais des études d'anglais parce que j'aime bien lire et surtout parce que j'aime écrire.

   _____

   _____

7. Je pense changer de spécialisation. Maintenant je fais de la musique, mais je vais peut-être faire du marketing et de l'informatique.

   _____

   _____

8. Je joue au football, mais plus tard, qu'est-ce que je vais faire?

   _____

   _____

9. Je fais des études de langues étrangères; je fais du français et de l'espagnol, et je voudrais apprendre d'autres langues.

   _____

   _____

10. Et vous?

_____

_____

D. **Expliquez-vous.** For each situation, write a question using the appropriate form of **quel**.

1. Vous désirez connaître l'emploi du temps de votre ami le semestre prochain.

_____

2. Vous discutez de professions avec votre ami(e) et vous voulez savoir les professions qu'il (elle) trouve intéressantes.

_____

3. Vous parlez à votre conseiller parce que vous voulez savoir ce qu'on peut faire après des études de biologie.

_____

4. Votre ami(e) annonce qu'il (elle) va faire des études supérieures et vous désirez en savoir davantage.

_____

5. On vous a dit qu'il y a un emploi à temps partiel disponible au Resto-U.

_____

6. Votre conseiller dit qu'il y a plusieurs offres d'emploi dans le journal de dimanche.

_____

7. Un professeur dit à la classe que certaines spécialisations sont très à la mode en ce moment.

_____

8. Un ami vous annonce qu'il y a une certaine carrière qu'il détesterait faire.

_____

E. **Le marché du travail** *(The job market)*. Complete the paragraph with the appropriate terms from the list.

cadres	C.V.	petites annonces
poste	sociétés	offres
demandes	métiers	bureau de placement

Trouver un bon _____ dans le monde du travail n'est pas facile actuellement. Il est nécessaire de faire beaucoup de _____ et d'envoyer des lettres à plusieurs _____. Beaucoup de candidats emploient même les services d'un _____ qui les aide à préparer un bon _____. Naturellement, il est nécessaire de lire presque tous les jours les _____ dans les journaux de la région où on voudrait travailler. Il y a beaucoup de jeunes qui commencent comme représentants et qui deviennent _____ après deux ou trois ans de travail. Il n'est pas facile de trouver du travail parce que presque tous les _____ demandent des connaissances spécialisées. Mais les candidats qui persistent peuvent quand même recevoir plusieurs _____ d'emploi.

SITUATIONS

A. **Dans cinq ans** *(In five years)*. A favorite question of personnel directors and interviewers is "Where would you like to be in five years?" Imagine you are interviewing with a French company. Compose a short paragraph in the conditional to describe what you want your professional life to be like in five years.

Nom: _____   Cours: _____

B. **Mon curriculum vitæ.** Imagine that you are job hunting in France. Complete the following form to create a résumé.

NOM _____

PRÉNOM(S) _____

DATE DE NAISSANCE _____

LIEU DE NAISSANCE _____

DOMICILE _____

_____

NATIONALITÉ _____

SITUATION MILITAIRE _____

SITUATION DE FAMILLE _____

ÉTUDES ET DIPLÔMES:

ÉTUDES SECONDAIRES _____

_____

ÉTUDES SUPÉRIEURES _____

_____

EXPÉRIENCE PERSONNELLE ET PROFESSIONNELLE _____

_____

_____

SPORTS ET LOISIRS _____

_____

SPÉCIALISATION(S) _____

BUT PROFESSIONNEL *(CAREER OBJECTIVE)* _____

_____

PRÉTENTIONS *(EXPECTED SALARY)* _____

RÉFÉRENCES _____

_____

_____

_____

Nom: _____   Cours: _____

CHAPITRE 13
LES OPINIONS

PRINCIPES

PREPOSITIONS WITH DEPENDENT INFINITIVES / IMPERSONAL EXPRESSIONS

A. **Faut-il employer une préposition?** Complete each sentence with the appropriate preposition. If no preposition is required, put an X in the blank.

1. J'espère _____ aller à cette université.

2. Ils viennent _____ s'inscrire pour le semestre prochain.

3. Ce groupe-là déteste _____ boire de l'alcool.

4. Nous apprenons _____ parler français.

5. Tu t'occupes _____ téléphoner aux autres?

6. Vous ne savez pas _____ faire du ski?

7. Elle croit _____ trouver un emploi chez Bendix.

8. J'ai invité mes amis _____ venir regarder la télé.

9. N'oublie pas _____ rendre cette dissertation demain.

10. Pardon, Madame. Je viens _____ payer mes livres scolaires.

11. Tu t'es arrêté _____ fumer? Super!

12. Il ne faut jamais _____ conduire si on a consommé de l'alcool.

B. **Qu'est-ce qu'il faut dire?** Use the cues to create sentences, remembering to conjugate the helping verb and leave the dependent verb in the infinitive form. Some of the helping verbs will require a preposition before the infinitive.

MODÈLE: nous / apprendre / parler français
            Nous apprenons à parler français.

1. ils / choisir / suivre ce cours très difficile

    _____

2. quelquefois mes camarades de chambre / me / aider / faire mes devoirs

    _____

3. elle / essayer / trouver une place sur le parking

    _____

4. ce conseiller / ne pas savoir / donner des bons conseils

    _____

5. très souvent / les étudiants / ne pas demander aux conseillers / établir leurs emplois du temps

   _____

6. il / penser / recevoir son diplôme en mai

   _____

7. il / être essentiel / recevoir des bonnes notes

   _____

8. nous / réussir / comprendre ce problème

   _____

9. ils / avoir peur / rater ce cours

   _____

10. il / être indispensable / ne pas tricher

    _____

11. il / ne plus aller / prendre ses repas au Resto-U

    _____

12. il / valoir mieux / ne pas sécher ce cours

    _____

THE SUBJUNCTIVE

C. **Quelques formes utiles.** Complete each sentence with the appropriate subjunctive form of the verb in parentheses.

1. (réussir) Marc, il faut que tu _____ à cet examen.

2. (apprendre) Je ne veux pas que mes parents _____ que j'ai raté ce cours.

3. (parler) Le prof veut que nous _____ français en classe.

4. (dormir) Monsieur, il ne faut plus que vous _____ en classe.

5. (partir) Au revoir. Il faut que je _____.

6. (finir) Il faut que je _____ ma dissertation.

7. (attendre) Voulez-vous qu'elles nous _____ devant le cinéma?

8. (choisir) Mon conseiller veut que je _____ déjà ma spécialisation.

IRREGULAR FORMS

D. **D'autres formes utiles.** Complete each sentence with the appropriate subjunctive form of the verb in parentheses.

1. (venir) Mon conseiller ne veut pas que je _____ le voir avant midi.

2. (faire) Mes parents veulent que ma sœur _____ des études de commerce.

3.   (aller) Veux-tu qu'on _____ s'inscrire avec toi?

4.   (être) Le prof de français veut que les étudiants _____ à l'heure.

5.   (prendre) Faut-il qu'on _____ tous les repas au Resto-U?

6.   (avoir) Faut-il que tous les étudiants _____ un conseiller?

7.   (être) Vous voulez que je _____ avocat?

8.   (faire) Que veux-tu que je _____?

USES OF THE SUBJUNCTIVE

E.   **Un autre point de vue.** Rewrite each sentence by adding the cue in parentheses and changing the verb from the indicative to the subjunctive.

MODÈLE: (j'ai peur) Il ne comprend pas.
             J'ai peur qu'il ne comprenne pas.

   1.   (il est essentiel) Nous trouvons un bon emploi pendant l'été.

   _____

   2.   (ils doutent) Elle peut réussir à cet examen.

   _____

   3.   (je préfère) Tu ne fais pas d'auto-stop.

   _____

   4.   (nous sommes surpris) Vous voyagez en Europe cet été.

   _____

   5.   (il faut) Tu viens me chercher avant huit heures.

   _____

   6.   (il est nécessaire) Je suis ces deux cours obligatoires.

   _____

   7.   (tu regrettes) Elles ne vont pas au Canada avec toi?

   _____

   8.   (il est important) Tu te lèves tôt demain.

   _____

   9.   (vous voulez) Je finis ces devoirs avant cinq heures?

   _____

   10. (c'est dommage) Ils ne sont pas avec nous.

   _____

11. (nos copains désirent) Nous restons ici pendant l'été.

_____

12. (je suis content[e]) Tu as un poste si intéressant.

_____

F. **Subjonctif ou infinitif?** Complete each sentence with the appropriate form of the verb in parentheses. Remember that a change of subject will require adding **que** and putting the verb in the subjunctive.

MODÈLES: (suivre) Je veux _____ ce cours.
Je veux *suivre* ce cours.

(tu / suivre) Je veux _____ ce cours avec moi.
Je veux *que tu suives* ce cours avec moi.

1. (parler) Nous désirons _____ français.

2. (vous / s'inscrire) Il est indispensable _____ avant mai.

3. (je / se spécialiser) Mes parents veulent _____ en marketing.

4. (ses camarades de chambre / partir) C'est dommage _____ pour l'été.

5. (voir) Il faut vraiment _____ ce film.

6. (tu / venir) Je suis ravi(e) _____ avec nous.

7. (comprendre) Nous doutons _____ complètement le problème.

8. (ils / être) Il est possible _____ à Paris en juin.

9. (je / aller) Veux-tu _____ avec toi?

10. (regarder) Je désire _____ cette émission ce soir.

G. **Y a-t-il deux sujets ou un seul?** Rewrite each sentence by adding the cue in parentheses. If there are two subjects, remember to add **que** and put the second verb in the subjunctive. If there is only one subject, use an infinitive form and add a preposition, if necessary.

MODÈLES: (je veux) Je danse à la boum ce soir.
Je veux danser à la boum ce soir.

(je veux) Tu viens avec moi à la boum ce soir.
Je veux que tu viennes avec moi à la boum ce soir.

1. (Stéphanie est triste) Il part pour l'été.

_____

2. (nous préférons) Vous faites un effort.

_____

3. (il est temps) Tu comprends la situation.

_____

4. (je veux) Je vais en France cet été.

_____

5. (il est essentiel) On reçoit une bonne éducation.

_____

6. (il faut) On peut trouver des places sur le parking.

_____

7. (il vaut mieux) Tu viens en classe tous les jours.

_____

8. (elles veulent) Elles gagnent de l'argent pendant l'été.

_____

9. (tu es heureux[-euse]) Tu reçois ton diplôme en **mai**?

_____

10. (il est utile) On parle français.

_____

DEVOIR

H. **Qu'est-ce qu'ils doivent faire?** Complete each sentence with the present tense of **devoir**.

1. Gérard _____ faire la cuisine.

2. Angélique et Martine _____ travailler.

3. Nous _____ écrire notre dissertation.

4. Tu _____ chercher un job.

5. Vous _____ partir?

6. Je _____ suivre un cours de maths.

I. **Des obligations.** Complete each sentence with the tense and form of **devoir** that corresponds to the cue in parentheses.

1. *(were supposed to)* Hier, nous _____ avoir un examen, mais le prof était absent.

2. *(ought to)* Pendant le week-end, je _____ finir ma dissertation pour le cours d'histoire.

3. *(has to)* Elle _____ travailler jusqu'à onze heures.

4. *(must)* Vous _____ faire un effort pour ce cours.

5. *(had to)* Hier soir, ils _____ étudier.

6. *(have to)* Tu ne peux pas venir? Qu'est-ce que tu _____ faire?

7. *(had to)* J' _____ regarder l'émission préférée de ma sœur.

8. *(ought)* Tu _____ vraiment t'arrêter de fumer.

J. **Encore des prépositions.** To review everything you have learned in this chapter about using prepositions before infinitives, complete each sentence with the appropriate preposition. If no preposition is required, put an X in the blank.

1. Je dois _____ téléphoner à mes parents.

2. Il a peur _____ ne pas recevoir son diplôme en mai.

3. Nous commençons _____ parler très bien français.

4. Il est bon _____ arriver avant huit heures.

5. Marie devrait _____ devenir médecin.

6. Nous avons choisi _____ nous spécialiser en art.

7. Ils voulaient _____ faire un long voyage.

8. Il est important _____ parler une langue étrangère.

9. Vous avez oublié _____ vous inscrire?

10. Je suis triste _____ voir arriver la fin de l'année scolaire.

VOUS Y ÊTES!

A. **À votre tour**

—Bonjour, *(name)*. Ça va?

VOUS: _____

—À vrai dire, ça ne va pas. Il y a tellement de choses à *(name of school)* que je ne comprends pas.

VOUS: _____

—D'abord, tu peux m'expliquer combien de fois par semaine il faut aller en classe pour chaque cours?

VOUS: _____

—Est-ce qu'il y a aussi des cours le soir et le samedi?

VOUS: _____

—Et ma fiche indique aussi le nom d'un conseiller. Est-ce que tu as aussi un conseiller? Pourquoi faut-il le consulter?

VOUS: _____

—Tu sais, moi, j'habite assez loin de l'université et je prends souvent ma motocyclette pour venir au campus. Où est-ce que je peux la mettre?

VOUS: _____

—Ah bon! Mais est-il vrai qu'il est interdit de faire la cuisine dans les résidences?

VOUS: _____

—Et où peut-on prendre ses repas si on ne veut pas toujours dîner au Resto-U?

VOUS: _____

— Y a-t-il un groupe spécial ou un club pour les étudiants étrangers ici?

VOUS: _____

— Tu pourrais peut-être me présenter à d'autres étudiants qui parlent français? J'aimerais bien avoir l'occasion de parler français.

VOUS: _____

B. **Qu'est-ce que tu en penses?** Complete the following statements to give a portrait of yourself and your personal situation.

1. J'aime _____

   _____

2. J'oublie toujours _____

   _____

3. Je voudrais _____

   _____

4. Le week-end passé j'ai dû _____

   _____

5. J'ai peur _____

   _____

6. Vendredi et samedi je devrais vraiment _____

   _____

7. Je déteste _____

   _____

8. Il est nécessaire que je _____

   _____

9. J'ai essayé _____

   _____

10. Je (ne) sais (pas) _____

    _____

11. J'ai fini _____

    _____

12. Pendant l'été je vais _____

    _____

C. **Qu'est-ce qu'ils veulent?** Complete the statements to tell what the following persons in your life want.

1. Mes parents veulent que je _____

_____

2. Je voudrais que mes parents _____

_____

3. Mon prof de français veut que je _____

_____

4. Je voudrais que mon prof de français _____

_____

5. Mon (ma) petit(e) ami(e) désire que je _____

_____

6. Je préfère que mes camarades de chambre _____

_____

D. **D'après moi.** *(According to me.)* Complete the following sentences to express your opinions.

1. Pour réussir à l'examen de français, il faut _____

_____

2. Quand on voyage dans un pays étranger, il est bon _____

_____

3. Pour trouver un bon poste, il est indispensable _____

_____

4. Avant de voir *(before seeing)* le film *(name of film)*, il vaut mieux _____

_____

5. L'ami idéal doit _____

_____

6. Dans ma famille, il est essentiel _____

_____

7. Dans un restaurant français, il est nécessaire _____

_____

8. Je dis toujours à mon ami(e), «Écoute, tu devrais vraiment _____

_____

9. Dans mon université, il est important _____

_____

10. Surtout, dans la vie, il ne faut jamais _____

_____

E. **Un test psychologique.** Complete the following statements to indicate some of your personal traits and preferences.

1. Il est bon _____

_____

2. Il est essentiel _____

_____

3. Il faut absolument _____

_____

4. Il est utile _____

_____

5. C'est dommage _____

_____

6. ??? _____

_____

F. **Je pense que...** Imagine that you are dissatisfied with your grade in French. Write a brief note to your teacher (in perfect French, of course), explaining why your grade is unacceptable and what grade you think you deserve. Give several reasons to justify your request.

_____

_____

_____

_____

_____

_____

_____

_____

_____

_____

G. **Que voudriez-vous changer?** At every school there is room for improvement. Write at least five statements giving your opinion of changes that need to be made at your school.

MODÈLE: *Il faut qu'il y ait plus de places dans le parking.*

_____

_____

_____

_____

_____

_____

_____

_____

_____

_____

SITUATIONS

A. **Ce qu'il faut faire.** Your French friend is going on a date with an American for the first time. He / she is worried about how to act and what to do. Advise your friend by telling your opinions about some do's and don't's of dating.

B. **Je regrette, mais...** The family you stayed with in France has asked you to come back for a visit this summer. Unfortunately, you can't go. Write them a letter to decline their invitation.

CHAPITRE 14
L'AVENIR

PRINCIPES

FORMATION OF THE FUTURE TENSE

A. **Qu'est-ce qu'ils feront?** Complete each sentence with the appropriate future tense form of the verb in parentheses to tell what each person will do after graduation.

1. (rentrer) Annick _____ en France.

2. (attendre) Nous _____ le commencement des vacances.

3. (finir) Elles _____ leurs dissertations de psychologie.

4. (chercher) Je _____ un job.

5. (travailler) Vous _____.

6. (vendre) Tu _____ tes livres.

7. (aller) J'_____ en France pour faire des études.

8. (avoir) Ils _____ une boum.

9. (être) Laurence _____ très contente.

10. (faire) Mes parents _____ un grand voyage.

11. (venir) Je ne _____ plus sur le campus.

12. (voir) Nous _____ tous nos copains à la plage.

USES OF THE FUTURE TENSE

B. **À l'avenir.** Complete each sentence with the appropriate future tense forms of the verbs in parentheses.

MODÈLE: (revenir / pouvoir) Quand nous _____ de France, nous _____ parler français.
Quand nous *reviendrons* de France, nous *pourrons* parler français.

1. (voir / demander) Quand je _____ le patron, je _____ plus d'argent.

2. (chercher / recevoir) Nous _____ un poste, aussitôt que nous _____ notre diplôme.

3. (devoir / avoir) Tu _____ venir me voir quand tu _____ le temps.

4. (écrire / pouvoir) Mon conseiller _____ une lettre de recommandation pour moi dès qu'il _____.

5. (venir / sortir) Quand vous _____ chez moi, nous _____ ensemble.

6. (avoir / acheter) Quand ils _____ un emploi, ils _____ une nouvelle voiture.

7. (faire / avoir) Stéphane _____ un M.B.A. aussitôt qu'il _____ son diplôme en business.

8. (arriver / envoyer) Quand j'_____ à Paris, je t'_____ une lettre.

9. (être / passer) Quand elles _____ en France, elles _____ un mois à Grenoble.

10. (être / rentrer) Je ne _____ pas en ville quand tu _____ de ton voyage.

THE OBJECT PRONOUNS Y AND *EN*

C. **Ça y est?** *(Have you got it?)* Rewrite each of the following sentences, replacing the preposition and its object with **y**.

MODÈLE: Je réponds à toutes les demandes.
            J'y réponds.

1. Je passe mon après-midi dans un bureau de placement.

   _____

2. Ils veulent travailler à Paris.

   _____

3. Nous avons vu la présentation dans l'amphithéâtre.

   _____

4. Elle est allée trois fois à New York pour chercher un poste.

   _____

5. Vous allez rencontrer cet ingénieur à l'entreprise?

   _____

6. Nous pensons habiter à la plage pendant le mois de juin.

   _____

7. Ils auront des interviews dans le Resto-U.

   _____

8. Il habitait chez ses parents l'année dernière.

   _____

D. **On en parle.** Rewrite the following sentences, replacing the object of the preposition **de** or the expression of quantity with **en.** Remember, the expression of quantity will remain in the sentence; only its object will be replaced by the pronoun.

MODÈLE: Il a beaucoup d'offres d'emploi.
            Il en a beaucoup.

1.   Nous avons envoyé des demandes d'emploi aux sociétés étrangères.

     _____

2.   L'interviewer a parlé des débouchés possibles.

     _____

3.   Il y a plusieurs postes chez IBM.

     _____

4.   Cet été elles auront deux emplois.

     _____

5.   Il suit beaucoup de cours ce semestre.

     _____

6.   Tu dois chercher des camarades de chambre.

     _____

7.   Je reviens de France en juillet.

     _____

8.   Où est-ce que vous chercherez un poste?

     _____

E. **Qu'est-ce que tu en dis?** Answer each question according to the cues and replace the italicized words with the appropriate object pronoun: **le, la, les; lui, leur; y** or **en.**

MODÈLES: Tu veux *le poste?* (oui)   *Oui, je le veux.*
           Tu as écrit *au directeur?* (non)   *Non, je ne lui ai pas écrit.*
           Tu es allé(e) *à l'entreprise?* (oui) *Oui, j'y suis allé(e).*
           Tu vas avoir un *poste?* (oui)   *Oui, je vais en avoir un.*

1.   Va-t-il recevoir beaucoup *d'offres?* (oui)

     _____

2.   Ils ont assisté *aux interviews?* (non)

     _____

3.   Vous aimez *le poste que vous avez trouvé?* (oui)

     _____

4. Est-ce qu'elle a parlé *au patron?* (oui)

_____

5. Avez-vous *des débouchés intéressants?* (oui)

_____

6. Il va habiter *à la maison?* (non)

_____

7. Voudriez-vous travailler *en France?* (oui)

_____

8. Tu écris quelquefois *aux directeurs de personnel?* (oui)

_____

9. Lisez-vous *les petites annonces* tous les jours? (non)

_____

10. Parlez-vous une *langue étrangère?* (oui)

_____

11. Avez-vous préparé *votre C.V.?* (oui)

_____

12. Il a eu cinq *interviews?* (oui)

_____

CONJUNCTIONS AND ADVERBIAL EXPRESSIONS

F. **Des suites logiques** *(Some logical follow-ups)*. Complete each sentence with the appropriate form of the verb in parentheses. Note that some of the verbs will be in the infinitive or past infinitive form; others will be conjugated in the present or the future tense.

1. (terminer) Après _____ mes études, je chercherai un emploi.

2. (trouver) Pour _____ un bon poste, il faut envoyer beaucoup de demandes.

3. (revenir) Lorsque je _____ sur le campus, je vendrai mes livres.

4. (avoir) Si nous _____ un poste l'année prochaine, nous habiterons un appartement.

5. (se spécialiser) Parce qu'elle _____ en comptabilité, elle a tout de suite trouvé un emploi.

6. (partir) Avant de _____ en vacances, tu dois préparer ton C.V.

7. (se marier) Puisqu'il _____ avec une Américaine, il ne va pas rentrer en France.

8. (avoir) Quand j' _____ un peu d'argent, je ferai un voyage en Europe.

9. (avoir) Si tu _____ besoin d'argent, tu dois téléphoner à tes parents.

10. (payer) Pour _____ mes études supérieures, je travaillerai cet été.

VOUS Y ÊTES!

A. **À votre tour**

—Bonjour, *(name)*. Tu as déjà terminé tes examens?

VOUS: _____

—Moi, après les examens, je vais voyager un peu. Et toi?

VOUS: _____

—Mais, je dois travailler au moins une partie de l'été. En France, la meilleure période pour trouver un emploi c'est en septembre et en octobre.

VOUS: _____

—Tu vas faire un autre voyage?

VOUS: _____

—Quand je rentrerai en France, je retrouverai ma famille en Bretagne où ils ont une résidence secondaire. Est-ce que ta famille a une résidence secondaire?

VOUS: _____

—Est-ce que ta famille aime faire du camping ou est-ce qu'ils descendent plutôt dans un hôtel quand ils voyagent? Ma famille adore le camping.

VOUS: _____

—Quand est-ce que tu recevras ton diplôme? Est-ce que tu devras chercher un poste permanent cet été?

VOUS: _____

—En France, un simple diplôme d'université n'est plus suffisant. Je vais donc essayer d'obtenir un diplôme spécialisé en commerce. Tu vas faire des études supérieures?

VOUS: _____

—Trouver un bon poste c'est toujours un problème pour les jeunes, les Français aussi bien que les Américains.

VOUS: _____

B. **Votre avenir.** Answer the following questions about your future plans.

1. Est-ce que vous ferez un voyage cette année?

_____

2. Combien de cours suivrez-vous le semestre prochain?

_____

3. Irez-vous à la plage cet été?

_____

4. Est-ce que vous vous amuserez pendant l'été?

_____

5. Aurez-vous le même professeur de français le semestre prochain?

_____

6. Est-ce que vous chercherez un emploi pour l'été?

_____

7. Ferez-vous un jour des études supérieures?

_____

8. Est-ce que vous habiterez chez vos parents l'année prochaine?

_____

9. Sortirez-vous souvent avec vos amis?

_____

10. Où irez-vous avec vos copains?

_____

C. **Quand...** Complete the following sentences to describe some more of your future plans.

1. Quand j'aurai le temps, _____

2. Quand je recevrai mon diplôme, _____

3. Quand j'irai en France, _____

4. Quand je trouverai un emploi, _____

5. Le week-end prochain, quand je sortirai avec mes copains, _____

6. Quand j'aurai trente ans, _____

7. Ce soir, quand j'aurai du temps libre, _____

8. Quand j'aurai consulté mon conseiller, _____

D. **Des réponses logiques.** You are discussing school, life-styles, and career plans with one of the French exchange students at your school. Use an appropriate object pronoun in your answer to answer his or her questions.

1. Combien de cours est-ce que tu suis par semestre?

_____

2. En général, tu aimes tes cours?

_____

3. Tu parles souvent à tes profs?

_____

4. Est-ce que tu étudies quelquefois à la bibliothèque?

_____

5. Quand vas-tu recevoir ton diplôme?

_____

6. Est-ce que tu vas faire des études supérieures?

_____

7. Est-ce que tu cherches une carrière intéressante?

_____

8. Est-ce que tu feras beaucoup de demandes d'emploi?

_____

9. As-tu déjà envoyé ton C.V. au bureau de placement?

_____

10. Y a-t-il des débouchés intéressants?

_____

11. Voudrais-tu travailler en France?

_____

12. Veux-tu venir me voir en France cet été?

_____

E. **Cherchez les mots utiles.** In the passage below, mark the various stylistic devices using the following codes:

> Expression of **cause / goal / condition** = circle
> Expression of **time** = underline
> Pronouns = an arrow connecting the pronoun to the noun it replaces

Konnichiwa! = bonjour! À son retour d'un an au pays du Soleil-Levant, Benoît est trilingue: japonais, anglais, français. À 16 ans, il avait décidé de voir du pays: «Je suis parti avec l'AFS. J'ai entendu parler japonais pour la première fois dans l'avion. Choc! Ma première famille vivait à la campagne; rencontre avec des traditions, des archaïsmes aussi. Au début, j'avais bien sûr des problèmes de communication, mais on arrivait à se comprendre avec un peu d'anglais, et des gestes. J'apprenais en écoutant la télé, et je suivais la classe des jeunes de mon âge... en uniforme, ça, je n'aimais pas! Au début, les profs m'admettaient mal, car ils avaient peur que je distraie les cours.»

«J'ai ensuite vécu à Tokyo dans une nouvelle famille. Debout à 6h30, l'école de 8h30 à 14h30. Puis j'allais voir les copains, je faisais mes devoirs et nous dînions en famille (j'adore la cuisine japonaise, j'ai eu du mal à me réhabituer à la richesse des plats français), on discutait, on regardait la télé. En France, les

journées de classe sont plus longues, mais parce que je travaillais par moi-même le japonais, j'ai gardé des habitudes qui m'ont permis de redémarrer ma première sans problème (j'étais parti en cours de première). La séparation d'avec les parents? Ça fait du bien! Être ailleurs permet aussi de faire un point sur soi-même et son pays. J'ai l'intention de repartir à Tokyo comme guide touristique pendant les vacances scolaires, et plus tard j'aimerais m'y installer définitivement.»

F. **Dans votre cas.** Complete each of the following sentences.

1. Je vais travailler pour _____

_____

2. J'ai choisi ma spécialisation parce que _____

_____

3. Je chercherai un emploi après _____

_____

4. J'irai en France quand _____

_____

5. Je trouverai un bon poste si _____

_____

6. Je serai content(e) quand _____

_____

7. Je vais prendre des vacances après _____

_____

8. J'ai suivi des cours de _____ parce que _____

_____

G. **Recréez l'histoire.** The following sentences sketch the story of Stéphane's year of study in the U.S. Rewrite the story, using conjunctions and adverbial expressions from the list to make the style more fluent and sophisticated.

parce que	après
avant de	pour
puisque	quand (lorsque / aussitôt que)
mais	et

Il voulait apprendre l'anglais et recevoir un diplôme américain.

Stéphane a fait une demande d'entrée dans une université américaine.

Son anglais n'était pas très bon.

Il a été accepté à l'université américaine à cause de ses bonnes notes.

Stéphane est arrivé aux États-Unis.

Il a immédiatement cherché un appartement.

Il ne voulait pas habiter dans une résidence.

Il avait vingt-quatre ans et était plus âgé que les autres étudiants.

Il était nécessaire de s'inscrire aux cours obligatoires.

Il a choisi cinq cours.

Il a suivi des cours de commerce, de psychologie et d'anglais.

Stéphane est très sportif.

Il a suivi un cours de culture physique.

Il s'est inscrit à la fac.

Il a commencé à connaître le campus.

Il a trouvé le campus américain très différent du campus français.

Au début Stéphane avait des problèmes en cours.

Il ne comprenait pas les professeurs.

Il prenait beaucoup de temps à faire ses devoirs.

Stéphane a continué à faire un effort.

Il a réussi à tous ses cours.

Il recevra son diplôme américain en mai.

Il continuera ses études à Paris.

_____

_____

_____

_____

_____

_____

_____

_____

_____

_____

_____

_____

_____

_____

_____

SITUATIONS

A. **L'année prochaine.** Write a short paragraph that describes your academic, professional, social, and personal plans for the coming year.

B. **Dans cinq ans.** In *Chapitre 12*, you wrote a paragraph in the conditional to tell what you *would* ideally like to be doing in five years. Now use the future tense to write a paragraph telling what you *will* probably really be doing in five years.

LABORATORY MANUAL

LA PRONONCIATION DU FRANÇAIS

LA COMPRÉHENSION ORALE

A. Répétitions. Listen carefully to the letters of the French alphabet. Repeat each letter just as you hear it.

a	h	o	v
b	i	p	w
c	j	q	x
d	k	r	y
e	l	s	z
f	m	t	
g	n	u	

B. Compréhension: Les sigles. *(Initials, abbreviations, acronyms.)* Abbreviations and acronyms are frequently used both in French and in English. Can you understand the following common French abbreviations? Write the letters you hear.

1. _____   4. _____

2. _____   5. _____

3. _____   6. _____

C. Répétitions. Listen carefully to the French words for accent marks and other useful terms. Repeat each term just as you hear it.

1. é   accent aigu   6. ç   cédille

2. è   accent grave   7. .   point

3. ^   accent circonflexe   8. ,   virgule

4. **M** m majuscule   9. –   trait d'union

5. '   apostrophe   10. ;   point virgule

D. Répétitions. Repeat the spelling of each word just as you hear it.

1. champagne   7. française

2. soufflé   8. bourgeois

3. tête-à-tête   9. R.S.V.P.

4. billet doux   10. Peugeot

5. chèque   11. savoir-faire

6. déjà vu

E. Compréhension. Write each word as you hear it spelled.

1. _____

2. _____

3. _____

4. _____

5. _____

6. _____

7. _____

8. _____

9. _____

10. _____

CHAPITRE 1
L'IDENTITÉ

L A COMPRÉHENSION ORALE

A. **Compréhension: Oui ou non?** Listen to each sentence. Then check the appropriate column to indicate whether the sentence is affirmative or negative.

	AFFIRMATIVE	NEGATIVE
1.	_____	_____
2.	_____	_____
3.	_____	_____
4.	_____	_____
5.	_____	_____

B. **Répétitions.** Repeat each sentence just as you hear it.

1. Vous ne parlez pas.

2. Tu es parfaite!

3. Je n'habite pas Paris.

4. Ça ne va pas.

5. Vous ne travaillez pas.

C. **Compréhension: Paul parle.** Paul is talking to some new friends. Listen to each comment and the adjective it contains. Then check the appropriate column to indicate whether the adjective refers to a man or a woman, or if it is impossible to tell.

	MAN	WOMAN	CAN'T TELL
1.	_____	_____	_____
2.	_____	_____	_____
3.	_____	_____	_____
4.	_____	_____	_____
5.	_____	_____	_____

D. **Répétitions.** Repeat each sentence just as you hear it.

1. Tu es charmante.

2. Tu es très sympathique.

3. Tu es américain, oui?

4. Tu es trop bavarde.

5. Tu es marié(e)?

AUX ÉCOUTES

The conversations you will hear in the **Aux écoutes** sections of the Language Laboratory Program are examples of natural language spoken by native speakers. It's as if you were eavesdropping on people who are speaking at their normal speed. When you eavesdrop in any language, you always miss a few words here and there, but you can still get the gist of the conversation. So don't be discouraged if you don't understand every word. You can understand the conversation without knowing what every single word means. Just listen for the main ideas. The comprehension questions that follow each activity will help you focus on what is important. Feel free to listen to the tape several times.

A. **Brins de dialogue** *(Bits of dialogue)*. You will overhear some bits of conversation. Listen to each sentence. Then circle the picture of the person(s) being addressed.

B. **Qui suis-je?** *(Who am I?)* Listen carefully as the people in the pictures below describe themselves. For each speaker, choose the appropriate name from the list and write it under the picture.

René/Renée Leclos   Denis/Denise Berteau
Marcel/Marcelle Robert   Michel/Michèle Auclair
Louis/Louise Hébert   Daniel/Danielle Cartier
Julien/Julie Aubert   François/Françoise Rigault

Je m'appelle _____.   Je m'appelle _____.

Je m'appelle _____.   Je m'appelle _____.

Je m'appelle _____.

Je m'appelle _____.

Je m'appelle _____.

Je m'appelle _____.

CHAPITRE 2
LA VIE PERSONNELLE

LA COMPRÉHENSION ORALE

A. **Répétitions: Masculin/féminin.** Listen carefully to each of the following phrases that contain adjectives. Repeat each phrase just as you hear it, paying particular attention to the distinction between masculine and feminine forms.

1. un homme intelligent
   une femme intelligente

2. un homme blond
   une femme blonde

3. un homme amusant
   une femme amusante

4. un petit garçon
   une petite fille

5. un grand appartement
   une grande maison

6. un homme généreux
   une femme généreuse

7. un copain heureux
   une copine heureuse

8. un beau garçon
   une belle jeune fille

9. un bon copain
   une bonne copine

10. un homme sportif
    une femme sportive

B. **Répétitions: Singulier/pluriel.** Listen to the following phrases that contain singular and plural nouns and adjectives. Repeat each phrase just as you hear it, paying particular attention to the distinction between singular and plural forms.

1. une bonne amie
   des bonnes amies

2. un grand animal
   des grands animaux

3. un vieil homme
   des vieux hommes

4. un mauvais livre
   des mauvais livres

5. une femme française
   des femmes françaises

6. un nouvel ami
   des nouveaux amis

7. un bel homme
   des beaux hommes

8. un chien actif
   des chiens actifs

9. une amie sérieuse
   des amies sérieuses

10. un chat mignon
    des chats mignons

C. **Les chiffres** (*Numbers*).

1. **Répétitions.** Listen carefully to the pronunciation of the following numbers and repeat each number just as you hear it.

a.	zéro	g.	cinq	m.	onze	r.	seize
b.	un	h.	six	n.	douze	s.	dix-sept
c.	une	i.	sept	o.	treize	t.	dix-huit
d.	deux	j.	huit	p.	quatorze	u.	dix-neuf
e.	trois	k.	neuf	q.	quinze	v.	vingt
f.	quatre	l.	dix				

2. **Compréhension.** Write each number just as you hear it. Do not spell out the numbers; use arabic numbers (that is, 7, 16, 20).

a. _____   f. _____

b. _____   g. _____

c. _____   h. _____

d. _____   i. _____

e. _____   j. _____

3. **Répétitions.** Listen carefully to the following groups of numbers and nouns, paying particular attention to the different ways in which each number is pronounced. Repeat each number and noun just as you hear them.

a. dix
   dix amis
   dix livres

b. quatre
   quatre hommes
   quatre femmes

c. six
   six enfants
   six disques

d. un
   un animal
   un problème

e. deux
   deux animaux
   deux chiens

f. huit
   huit appartements
   huit livres

4. **Compréhension.** You will hear a series of sentences that contain numbers. Complete each sentence with the number you hear. Do not spell out the numbers; use arabic numbers.

a. Marie a _____ plantes vertes.

b. Nous avons _____ cassettes.

c. Mon père a _____ télés.

d. J'ai _____ bons livres.

e. Tu as _____ nouveaux disques.

D. **Compréhension.** Listen to each sentence. Then circle the pronoun and verb form that you hear.

1. il écoute/ils écoutent

2. elle aime/elles aiment

3. ils ont/ils sont

4. elle étudie/elles étudient

5. il habite/ils habitent

E. **Répétitions.** Repeat each sentence just as you hear it.

1. Il écoute un disque.

2. Elles aiment les boums.

3. Ils ont un chien.

4. Elle étudie beaucoup.

5. Il habite aux États-Unis.

F. **Les chiffres.** Circle the correct answer to each arithmetic problem you hear.

1.	6	10	16
2.	6	8	18
3.	2	10	12
4.	7	16	17
5.	4	14	15

AUX ÉCOUTES

A. **Vrai ou faux** *(True or false)?* Listen carefully to the descriptions of Claude and Renée. Then, based on the descriptions, indicate whether each statement is **vrai** *(true)* or **faux** *(false)*.

1. vrai   faux   5. vrai   faux

2. vrai   faux   6. vrai   faux

3. vrai   faux   7. vrai   faux

4. vrai   faux   8. vrai   faux

B. **Un club de rencontres.** The following questions pertain to a French conversation that you will hear. Before listening to the conversation, read the questions. Then, as you listen to the conversation, take notes. Finally, answer the questions in English. You may want to listen to the conversation more than once.

1. Where is Jean-Claude?

_____

2. With whom is he speaking?

_____

3. What is his telephone number?

_____

4. What age woman is he looking for?

_____

5. What sport does Jean-Claude like?

_____

6. What kind of music does he like?

_____

7. How does he describe himself?

_____

8. Name two things Jean-Claude dislikes.

_____

9. What is his profession?

_____

10. Give three characteristics of the woman he is looking for.

_____

CHAPITRE 3
LES ACHATS ET LES COMMANDES

LA COMPRÉHENSION ORALE

A. **Répétitions: Singulier/pluriel.** Listen carefully to the following phrases that contain verbs whose infinitives end in **-re**. Repeat each phrase just as you hear it, paying particular attention to the differences in pronunciation between the singular and plural forms.

1. il vend
   ils vendent

2. tu attends
   vous attendez

3. il descend
   ils descendent

4. je vends
   nous vendons

5. tu descends
   vous descendez

6. elle attend
   elles attendent

B. **Compréhension: Une personne ou plusieurs** *(One person or several)?* Listen to each sentence. Then put a check in the appropriate column to indicate if the sentence is about one person or several persons.

	ONE	SEVERAL
1.	_____	_____
2.	_____	_____
3.	_____	_____
4.	_____	_____
5.	_____	_____

C. **Répétitions.** Repeat each sentence just as you hear it.

1. Il vend une cassette.

2. Elle attend un copain.

3. Ils descendent en ville.

4. Elles vendent des pizzas.

5. Il descend à l'hôtel.

D. **Répétitions: Prendre/apprendre/comprendre.** Listen carefully to the following pairs of sentences that contain verbs in the **prendre** family. Repeat each sentence just as you hear it.

1. Il prend de la pizza.
   Ils prennent de la pizza.

2. Il apprend à parler français.
   Ils apprennent à parler français.

3. Tu comprends?
   Vous comprenez?

4. Il prend un Coca.
   Ils prennent un Coca.

5. Il ne comprend pas.
   Ils ne comprennent pas.

6. Je prends un sandwich.
   Nous prenons un sandwich.

E. **Compréhension: Singulier ou pluriel?** Listen to each sentence. Then put a check in the appropriate column to indicate whether each verb is singular or plural.

	SINGULAR	PLURAL
1.	_____	_____
2.	_____	_____
3.	_____	_____
4.	_____	_____
5.	_____	_____

F. **Répétitions.** Repeat each sentence just as you hear it.

1. Ils prennent une bière.

2. Elle comprend le menu.

3. Jean et Pierre apprennent l'anglais.

4. Jean-Pierre apprend l'espagnol.

5. Il prend le menu.

G. **Les chiffres.**

1. **Répétitions.** Listen carefully to the pronunciation of each of the following numbers and repeat each number just as you hear it.

   a. vingt   g. cinquante
   b. vingt et un   h. soixante
   c. vingt-deux   i. soixante-dix
   d. vingt-trois   j. quatre-vingts
   e. trente   k. quatre-vingt-dix
   f. quarante   l. cent

2. **Quelques numéros de téléphone** (*Some phone numbers*). Listen carefully to the pronunciation of the following telephone numbers and repeat each number just as you hear it.

   a. 46.32.00.18   d. 89.59.21.33
   b. 56.67.02.14   e. 91.91.90.66
   c. 36.14.91.66   f. 47.52.51.84

3. **Au téléphone** *(On the phone).* Listen carefully to the following sentences that contain the telephone numbers of some French businesses. Complete each sentence with the telephone number you hear.

   a. Le numéro de téléphone du Club Horizons, c'est le ____.____.____.____.

   b. Le numéro de téléphone de la Banque Populaire de la Loire, c'est le ____.____.____.____.

   c. Le numéro de téléphone du service réservations de TWA, c'est le ____.____.____.____.

   d. Le numéro de téléphone d'AGRI 84 à Marseille, c'est le ____.____.____.____.

   e. Le numéro de téléphone d'American Express, c'est le ____.____.____.____.

4. **Répétitions.** Repeat each sentence just as you hear it.

   a. Le numéro de téléphone du Club Horizons, c'est le 46.05.72.45.

   b. Le numéro de téléphone de la Banque Populaire de la Loire, c'est le 77.33.39.61.

   c. Le numéro de téléphone du service réservations de TWA, c'est le 47.23.00.88.

   d. Le numéro de téléphone d'AGRI 84 à Marseille, c'est le 91.84.48.20

   e. Le numéro de téléphone d'American Express, c'est le 47.32.92.62.

AUX ÉCOUTES

A. **Qu'est-ce qu'elle veut?** *(What does she want?)* The mother of the French family you are staying with while you study in Grenoble has asked you to run some errands for her. The items she wants are included among the pictures below. As you hear each sentence that your "mother" says, put its number beside the appropriate picture.

B. **Par accident . . .** *(Accidentally . . .)* One evening, while dining in a restaurant, you happen to overhear the conversation of the couple seated at the next table. Before listening to their conversation, read the questions below. Then, as you listen to the conversation, take notes. Finally, answer the questions in English. You may want to listen to the conversation more than once.

1. Where are the man and woman?

   _____

2. Where are they sitting?

   _____

3. What do they have to drink before the meal?

   _____

4. What is the man's name? What is the woman's name?

   _____

5. Why does the woman feel rich?

   _____

6. What is today's special?

   _____

7. What do the man and woman order?

   _____

8. With what do they end their meal?

   _____

9. How much does the dinner cost?

   _____

CHAPITRE 4
POUR PARLER DE VOUS ET DES AUTRES

LA COMPRÉHENSION ORALE

A. **Répétitions: L'article défini (singulier)** *(The definite article [singular]).* Listen carefully to the following pairs of phrases, paying particular attention to the distinction between masculine and feminine definite articles. Repeat each phrase just as you hear it.

1. le grand-père
   la grand-mère

2. le cousin
   la cousine

3. le beau-père
   la belle-mère

4. le frère
   la sœur

5. le fils
   la fille

6. le père
   la mère

B. **Répétitions: L'article défini (singulier/pluriel).** Listen carefully to the following pairs of phrases, paying particular attention to the distinction between singular and plural definite articles. Repeat each phrase just as you hear it.

1. le père
   les pères

2. la fille
   les filles

3. le neveu
   les neveux

4. l'oncle
   les oncles

5. la tante
   les tantes

6. l'amie
   les amies

C. **Compréhension: Une personne ou plusieurs?** Listen carefully to each sentence. Then check the appropriate column to indicate whether the sentence is about one person or several persons.

	ONE	SEVERAL
1.	_____	_____
2.	_____	_____
3.	_____	_____
4.	_____	_____
5.	_____	_____

D. **Répétitions.** Repeat each sentence just as you hear it.

1. Voilà le fils de Monsieur Fort.

2. Voilà les cousins de Monsieur Fort.

3. Voilà la nièce de Monsieur Fort.

4. Voilà les oncles de Monsieur Fort.

5. Voilà les grands-pères de Monsieur Fort.

E. **Répétitions: Les contractions (singulier).** Listen carefully to the following pairs of sentences that contain forms of **à** and **de** plus the definite article. Repeat each sentence just as you hear it.

1. Il parle à l'homme.
   Il parle au garçon.

2. Elles parlent à la fille de Monsieur Dupont.
   Elles parlent au fils de Monsieur Dupont.

3. Je parle à l'oncle de Paul
   Je parle au père de Paul.

4. Tu parles à la cousine de Jacques.
   Tu parles au cousin de Jacques.

5. Il parle de l'homme.
   Il parle du garçon.

6. Elles parlent de la fille de Monsieur Dupont.
   Elles parlent du fils de Monsieur Dupont.

7. Je parle de l'oncle de Paul.
   Je parle du père de Paul.

8. Tu parles de la cousine de Jacques.
   Tu parles du cousin de Jacques.

F. **Répétitions: Les contractions (singulier/pluriel).** Listen carefully to the following pairs of phrases. Note that the first sentence in each pair contains a singular noun and that the second contains a plural noun. Repeat each sentence just as you hear it, paying particular attention to the distinction between singular and plural forms.

1. Voilà le livre du garçon.
   Voilà le livre des garçons.

2. Je parle à la nièce de l'oncle.
   Je parle à la nièce des oncles.

3. C'est la copine de la fille.
   C'est la copine des filles.

4. Il donne un livre à la jeune fille.
   Il donne un livre aux jeunes filles.

5. Elle donne un chien à l'enfant.
   Elle donne un chien aux enfants.

6. Je donne du Coca à l'ami de Paul.
   Je donne du Coca aux amis de Paul.

G. **Compréhension: À qui parlent-ils?** *(Who are they talking to?)* Listen carefully to each sentence. Then put an **X** through the appropriate picture to indicate to whom the speaker is talking. If you can't tell, put a question mark.

1.

2.

3.

4.

5.

H. **Répétitions.** Repeat each sentence just as you hear it.

1. Paul parle à la fille de Pierre.

2. Hélène parle aux fils de Marc.

3. Véronique parle aux sœurs de Catherine.

4. Philippe parle au cousin de Nicole.

5. Suzanne parle au petit ami de Marie.

I. **Compréhension: De qui parlent-ils?** *(Who are they talking about?)* Listen carefully to each sentence. Then check the appropriate column to indicate whether the person in each sentence is talking about one person or more than one person.

	ONE	MORE THAN ONE
1.	_____	_____
2.	_____	_____
3.	_____	_____
4.	_____	_____
5.	_____	_____

J. **Répétitions.** Repeat each sentence just as you hear it.

1. Je parle de l'oncle de Guy.

2. Elle parle des filles de Thomas.

3. Sophie parle du frère de Frédéric.

4. Viviane parle des cousins de Marc.

5. Tu parles de l'amie de Jean.

K. **Répétitions: Les adjectifs possessifs.** Listen carefully to the following groups of phrases that contain possessive adjectives. Repeat each phrase just as you hear it.

1. mon chien
   ma voiture
   mon amie
   mes livres

2. ton chat
   ta salade
   ton assiette
   tes enfants

3. son frère
   sa sœur
   son amie
   ses vêtements

4. notre vin
   notre pizza
   nos copains
   nos copines

5. votre appartement
   votre maison
   vos disques
   vos cassettes

6. leur club
   leur chaîne stéréo
   leurs enfants
   leurs problèmes

L. **Compréhension: C'est à qui?** *(Whose is it?)* Listen carefully to each sentence. Then check the appropriate column to indicate whether the item mentioned belongs to the subject of the sentence or not.

	YES	NO
1.	_____	_____
2.	_____	_____
3.	_____	_____
4.	_____	_____
5.	_____	_____

M. Répétitions. Repeat each sentence just as you hear it.

1. Paul cherches ses cassettes.
2. Jean-Luc regarde leurs photos.
3. Vous avez notre télé.
4. J'aime ton petit chien.
5. Il a ma voiture.
6. Sabine parle à son fils.
7. Louis cherche sa petite amie.
8. Tu as mon disque.

N. Compréhension: Combien *(How many)?* Listen carefully to each sentence. Then check the appropriate column to indicate whether the subject of the sentence has one or more than one of the items mentioned.

	ONE	MORE THAN ONE
1.	_____	_____
2.	_____	_____
3.	_____	_____
4.	_____	_____
5.	_____	_____

O. Répétitions. Repeat each sentence just as you hear it.

1. Les hommes sont dans leur appartement.
2. Louis cherche ses livres au café.
3. J'aime mon petit chien.
4. Nous donnons notre adresse à l'oncle de Marc.
5. Il a sa voiture.

AUX ÉCOUTES

A. **Un arbre généalogique** *(A family tree).* You will hear some sentences describing the members of a famous family. Listen carefully to each sentence. Then complete the family tree with the appropriate names.

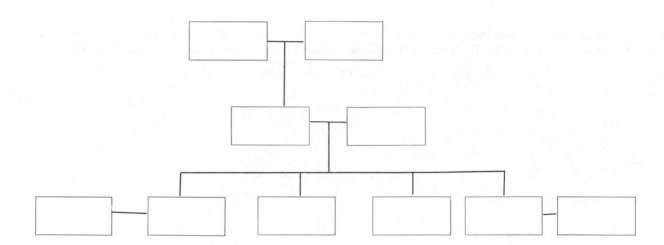

B. **Chez le médecin.** Before listening to the following conversation between Monique and her doctor, read the questions below. Then, as you listen to the conversation, answer the questions in English. You may want to listen to the conversation more than once.

1. What is Monique's problem?

_____

2. What are her symptoms?

_____

3. How long has she been sick?

_____

4. How many people are in her family?

_____

5. What are her son's symptoms?

   _____

6. What is the matter with her daughter?

   _____

7. What is the patient's temperature?

   _____

8. What does the doctor give her?

   _____

CHAPITRE 5
LES TRAJETS

LA COMPRÉHENSION ORALE

A. **Répétitions: Aller.** Listen carefully to the following sentences that contain forms of the verb **aller.** Repeat each sentence just as you hear it.

1. Il va en France.
2. Elles vont aux États-Unis.
3. Je vais au Brésil.
4. Tu vas au Canada.
5. Vous allez au Mexique.
6. Nous allons en Chine.

B. **Répétitions: Aller + infinitif.** Listen carefully to the following pairs of sentences. Note that the first sentence in each pair contains a form of the present tense and that the second contains a form of **aller +** infinitive. Repeat each sentence just as you hear it.

1. Je travaille.
   Je vais travailler.
2. Ils prennent un Coca.
   Ils vont prendre un Coca.
3. Tu changes de train.
   Tu vas changer de train.
4. Nous avons une réservation.
   Nous allons avoir une réservation.
5. Elle est au café.
   Elle va être au café.
6. Vous réservez une place.
   Vous allez réserver une place.

C. **Compréhension: Maintenant ou à l'avenir** *(Now or in the future)*? Listen carefully to each sentence. Then check the appropriate column to indicate whether the sentence describes an action now or in the future.

	NOW	FUTURE
1.	_____	_____
2.	_____	_____
3.	_____	_____
4.	_____	_____
5.	_____	_____

D. **Répétitions.** Repeat each sentence just as you hear it.

1. Je vais au restaurant avec Paul.
2. Il a très faim.
3. Nous allons dîner ensemble.
4. Vas-tu au restaurant avec nous?
5. Vous allez prendre un repas délicieux.

E. **Compréhension: Aller, avoir ou être?** Listen carefully to each sentence. Then check the appropriate column to indicate whether you hear a form of **aller, avoir,** or **être.**

	ALLER	AVOIR	ÊTRE
1.	_____	_____	_____
2.	_____	_____	_____
3.	_____	_____	_____
4.	_____	_____	_____
5.	_____	_____	_____

F. **Répétitions.** Repeat each sentence just as you hear it.

1. Ils sont à la gare.

2. Elles vont à Paris.

3. Ils ont un ticket de métro.

4. Sont-ils à la station?

5. Ils vont arriver à trois heures.

G. **Répétitions: Venir.** Listen carefully to the following sentences that contain forms of the verb **venir.** Repeat each sentence just as you hear it.

1. Ils viennent de Paris.
2. Je viens des États-Unis.
3. Viens-tu du Canada?
4. Elle vient d'Espagne.
5. Vous venez du Mexique?
6. Nous venons de France.

H. **Répétitions: Venir de + infinitif.** Listen carefully to the following pairs of sentences. Note that the first sentence in each pair contains a form of the verb **venir** and that the second contains a form of **venir de +** infinitive. Repeat each sentence just as you hear it.

1. Je viens du Brésil.
   Je viens d'arriver ici.
2. Vous venez d'Italie.
   Vous venez de descendre de l'avion.
3. Ils viennent de New York.
   Ils viennent de prendre un taxi.
4. Tu viens de Madrid.
   Tu viens de prendre un sandwich.
5. Nous venons du Canada.
   Nous venons de voyager en avion.
6. Elle vient des États-Unis.
   Elle vient de changer de train.

I. **Compréhension: Venir ou venir de?** Listen carefully to each sentence. Then check the appropriate column to indicate whether the sentence tells where a person comes from or what a person has just done.

	COMES FROM	HAS JUST DONE
1.	_____	_____
2.	_____	_____
3.	_____	_____
4.	_____	_____
5.	_____	_____

J. **Répétitions.** Repeat each sentence just as you hear it.

1. Paul vient d'arriver.

2. Nous venons de Londres.

3. Tu viens de parler à ton père.

4. Ils viennent de Lyon.

5. Je viens de consulter le plan.

K. **Compréhension: À quelle heure arrive le train?** Below is the schedule for a French train that goes through several countries. Based on the announcement you will hear, fill in the times at which the train will arrive in and depart from each city. Also include the number of the train. Use numerals; do not spell out the numbers.

Numéro du train		
_____		
VILLE	**DÉPART**	**ARRIVÉE**
Paris	_____	
Cologne	_____	_____
Berlin	_____	_____
Varsovie	_____	_____
Moscou		_____

AUX ÉCOUTES

A. **Où est la chose?** Here is **une chose.** It is everywhere! Listen to each sentence that tells you where **la chose** is now. Then draw **la chose** in the appropriate location.

1.   2.   3.

4.   5.   6.

B. **Un voyage.** The following questions pertain to a French conversation that you will hear. Before listening to the conversation, read the questions. Then, as you listen to the conversation, take notes. Finally, answer the questions in English. You may want to listen to the conversation more than once.

1. Where does this scene take place?

_____

2. Where is the woman going?

_____

3. What kind of ticket does she buy?

_____

4. When does the train she is going to take leave?

_____

5. What time is it now? How long does she have to wait?

_____

6. Will she have to change trains? If so, where?

_____

7. What time is the train supposed to arrive at its destination?

_____

8. Does the woman smoke?

_____

9. Where is her seat?

_____

10. How much does her ticket cost? How much change does she get back?

_____

CHAPITRE 6
LES LOISIRS

LA COMPRÉHENSION ORALE

A. **Répétitions: Faire.** Listen carefully to the following sentences that contain idiomatic expressions with **faire.** Repeat each sentence just as you hear it, paying particular attention to the pronunciation of the forms of **faire.**

1. Philippe fait de l'auto-stop.

2. Je fais la vaisselle après le dîner.

3. Faites-vous les valises pour votre voyage?

4. Papa! Tu fais semblant de dormir!

5. Nous faisons de notre mieux en classe.

6. Les enfants font la lessive.

B. **Compréhension: Quel temps fait-il?** You will hear a weather forecast. Use the suggested symbols and the map below to indicate the weather in various parts of the country.

LEGEND

*   snow

////   rain

!!!   good

××   hot

ʙʀʀʀ   cold

≈   windy

☼   sunny

C. **Compréhension: Quel verbe?** Listen carefully to each sentence. Then check the appropriate column to indicate whether you hear a form of **avoir, aller,** or **faire.**

	AVOIR	ALLER	FAIRE
1.	_____	_____	_____
2.	_____	_____	_____
3.	_____	_____	_____
4.	_____	_____	_____
5.	_____	_____	_____

D. **Répétitions.** Repeat each sentence just as you hear it.

1. Ils font leur travail.

2. Ils vont au match de foot.

3. Je vais jouer au basket.

4. Ils ont une grande équipe.

5. Je fais de mon mieux.

E. **Répétitions: Verbes en -ir.** Listen carefully to the following sentences that contain verbs with infinitives ending in **-ir.** Repeat each sentence just as you hear it, paying particular attention to the pronunciation of the verb.

1. Nous finissons notre travail.

2. Elle punit son enfant.

3. Je rougis quand je suis gêné.

4. Vous obéissez à vos parents?

5. Les enfants grandissent vite.

6. Tu grossis si tu manges trop.

F. **Compréhension: Combien?** Listen carefully to each sentence. Then check the appropriate column to indicate whether one or more than one person is the subject of the sentence.

	ONE	MORE THAN ONE
1.	_____	_____
2.	_____	_____
3.	_____	_____
4.	_____	_____
5.	_____	_____

G. **Répétitions.** Repeat each sentence just as you hear it.

1. Ils finissent leur travail à neuf heures.

2. Jean-Luc blanchit quand il a peur.

3. Jean et Luc choisissent leurs disques.

4. Elle punit ses enfants.

5. Obéis-tu à ton professeur?

H. Compréhension: Personne ou chose *(Person or thing)?* Listen carefully to each sentence. Then check the appropriate column to indicate whether the question is being asked about a person or a thing.

	PERSON	THING
1.	_____	_____
2.	_____	_____
3.	_____	_____
4.	_____	_____
5.	_____	_____

I. Répétitions. Repeat each sentence just as you hear it.

1. Qu'est-ce qui se passe?

2. Qu'est-ce que tu veux?

3. De quoi avez-vous peur?

4. Avec qui vas-tu au cinéma?

5. Que faites-vous quand il pleut?

J. Répétitions: Pouvoir. Listen carefully to the following sentences that contain forms of the verb **pouvoir.** Repeat each sentence just as you hear it, paying particular attention to the pronunciation of the verb.

1. Je peux prendre le train.

2. Ils peuvent aller avec nous.

3. Tu peux danser avec Marie.

4. Nous pouvons voyager à Paris.

5. Sabine peut jouer du piano.

6. Vous pouvez commander mon repas.

K. Compréhension: Vouloir ou pouvoir? Listen carefully to the following sentences. Then check the appropriate column to indicate whether you hear a form of **vouloir** or **pouvoir.**

	VOULOIR	POUVOIR
1.	_____	_____
2.	_____	_____
3.	_____	_____
4.	_____	_____
5.	_____	_____

L. Répétitions. Repeat each sentence just as you hear it.

1. Il veut aller avec nous.

2. Nous pouvons faire la vaisselle.

3. Tu veux faire du tennis?

4. Voulez-vous voyager en France?

5. Je ne peux pas laisser de pourboire.

AUX ÉCOUTES

A. Le temps et le sport. You will hear a series of sentences. Write down the letter of the sport and the number of the weather expression that are mentioned in each sentence.

a.

b.

c.

d.

e.

f.

g.

h.

1.

2.

3.

4.

5.

6.

7.

8.

1. _____   3. _____   5. _____   7. _____

2. _____   4. _____   6. _____   8. _____

B. À la radio. You are listening to a Canadian radio station as you are driving through New England. Before listening to the broadcast, read the questions below. Then as you listen to the broadcast, take notes. Finally, answer the questions in English. You may want to listen to the broadcast more than once.

1. What is the first time mentioned in the broadcast?

   _____

2. What day is it?

   _____

3. What is the weather like?

   _____

4. What is the current temperature?

   _____

5. What teams are playing baseball this evening?

   _____

6. What time does the game begin?

   _____

7. What kind of establishment is Auto-Snack?

   _____

8. What is the last time announced during the broadcast?

   _____

9. Where was last night's baseball game played? Who won? What was the score?

   _____

CHAPITRE 7
LES COMPTES RENDUS

LA COMPRÉHENSION ORALE

A. **Répétitions: Le passé composé avec** *avoir* **(affirmatif).** Listen carefully to the following sentences in the **passé composé.** Repeat each sentence just as you hear it, paying particular attention to the combination of the auxiliary verb **avoir** and the past participle.

1. J'ai allumé la télévision.

2. Ils ont choisi l'émission.

3. Tu as attendu l'heure de l'émission.

4. Vous avez pris un sandwich.

5. Nous avons regardé l'émission.

6. Paul a voulu étudier.

B. **Répétitions: Le passé composé avec** *avoir* **(négatif).** Listen to the following sentences that contain the **passé composé** in the negative. Repeat each sentence just as you hear it, paying particular attention to the position of **ne . . . pas.**

1. Je n'ai pas allumé la télévision.

2. Ils n'ont pas choisi l'émission.

3. Tu n'as pas attendu l'heure de l'émission.

4. Vous n'avez pas pris de sandwich.

5. Nous n'avons pas regardé l'émission.

6. Paul n'a pas voulu étudier.

C. **Compréhension: Aujourd'hui ou hier?** Listen carefully to each sentence. Then check the appropriate coulmn to indicate if the sentence you hear is happening today or if it happened yesterday.

	TODAY	YESTERDAY
1.	_____	_____
2.	_____	_____
3.	_____	_____
4.	_____	_____
5.	_____	_____

D. **Répétitions.** Repeat each sentence just as you hear it.

1. Vous allez au cinéma?

2. Tu as fait de ton mieux?

3. Nous avons le programme.

4. Ils ont détesté l'émission.

5. Il a fini son travail.

E. **Compréhension: Mettez dans l'ordre** *(Put in order).* Listen carefully to the following series of sentences. They are not in logical order. Write each sentence as you hear it. Then, number the sentences in the appropriate order.

— _____

— _____

— _____

— _____

— _____

— _____

F. **Répétitions: Partir, sortir, dormir.** Listen carefully to the following sentences that contain verbs conjugated like **partir.** Repeat each sentence just as you hear it, paying particular attention to the pronunciation of the verb forms.

1. Je pars chaque matin à huit heures.

2. Elle sort de sa maison.

3. Vous dormez trop, mon ami.

4. Nous partons pour Paris dans une semaine.

5. Ils sortent du café à minuit.

6. Tu dors en classe?

G. **Répétitions: Le passé composé avec** *être.* Listen carefully to the following sentences that contain the **passé composé** of verbs conjugated with **être.** Repeat each sentence just as you hear it, paying particular attention to the combination of the auxiliary verb and the past participle.

1. Il est sorti de l'école à trois heures.

2. Elle est morte hier.

3. Vous êtes arrivé au concert de bonne heure.

4. Tu es monté dans l'avion.

5. Nous sommes allés au match de foot.

6. Elles sont restées en France.

H. **Compréhension: Aujourd'hui ou hier?** Listen carefully to each sentence. Then check the appropriate column to indicate if the action is taking place today or if it happened yesterday.

	TODAY	YESTERDAY
1.	_____	_____
2.	_____	_____
3.	_____	_____
4.	_____	_____
5.	_____	_____

I. **Répétitions.** Repeat each sentence just as you hear it.

1. Vous êtes sorti avec Marie.

2. Elle est au cinéma maintenant.

3. Nous sommes arrivés avant Paul.

4. Vous entrez au café.

5. Ils sont venus ici pour dîner.

J. **Compréhension: *Être* ou *avoir*?** Listen carefully to each sentence. Then check the appropriate column to indicate whether the auxiliary verb you hear is **être** or **avoir.**

	ÊTRE	AVOIR
1.	_____	_____
2.	_____	_____
3.	_____	_____
4.	_____	_____
5.	_____	_____

K. **Répétitions.** Repeat each sentence just as you hear it.

1. Marc a invité Marie à une boum.

2. Ils sont allés à la boum ensemble.

3. Marc a pris sa voiture.

4. Marie n'a pas voulu danser.

5. Elle est partie très tôt.

AUX ÉCOUTES

A. **Un incident chez Pierre.** Study the pictures below, which are not in chronological order. Then listen to the anecdote, which presents the events in the correct order. Put the number of each sentence you hear beside the appropriate picture.

B. Qui est-ce? You are listening to a radio contest in which you are given clues to the identity of a famous person. The more clues you need, the less money you win. Before participating in the contest, read the questions below. Then listen to the clues and take notes. Finally, answer the questions in English. You may want to listen to the clues more than once.

1. When was this famous person born? Where?

   _____

2. Was he from a large family? How many children were there?

   _____

3. What was he like as a child?

   _____

4. When did he graduate from high school? Where?

   _____

5. What university did he attend?

   _____

6. What was his major?

   _____

7. What is *Why England Slept*?

   _____

8. What happened to this person in 1940?

   _____

9. What state was he from? How do you know?

   _____

10. Whom did he marry?

    _____

11. What happened on January 20, 1961?

    _____

12. What happened on November 22, 1963?

    _____

13. Who is the person described?

    _____

CHAPITRE 8
LES ACTIVITÉS QUOTIDIENNES

LA COMPRÉHENSION ORALE

A. **Répétitions: Les verbes pronominaux (l'affirmatif).** Listen carefully to the following pairs of sentences. Note that the first sentence in each pair contains a nonreflexive verb and that the second contains a reflexive verb. Repeat each sentence just as you hear it, paying particular attention to the position and form of the reflexive pronoun.

1. Je lave ma voiture.
   Je me lave les mains.

2. Tu laves ta voiture.
   Tu te laves les mains.

3. Il lave sa voiture.
   Il se lave les mains.

4. Elle lave sa voiture.
   Elle se lave les mains.

5. Nous lavons notre voiture.
   Nous nous lavons les mains.

6. Vous lavez votre voiture.
   Vous vous lavez les mains.

7. Ils lavent leur voiture.
   Ils se lavent les mains.

8. Elles lavent leur voiture.
   Elles se lavent les mains.

B. **Répétitions: Les verbes pronominaux (le négatif).** Listen carefully to the following sentences that contain reflexive verbs in the negative. Repeat each sentence just as you hear it, paying particular attention to the position of **ne . . . pas.**

1. Je ne me fâche pas.

2. Tu ne te fâches pas.

3. Il ne se fâche pas.

4. Nous ne nous fâchons pas.

5. Vous ne vous fâchez pas.

6. Ils ne se fâchent pas.

C. **Répétitions: Les verbes pronominaux (l'interrogatif).** Listen carefully to the following questions that contain reflexive verbs. Repeat each question just as you hear it, paying particular attention to the order of the words.

1. T'amuses-tu?

2. S'amuse-t-il?

3. S'amuse-t-elle?

4. S'amuse-t-on?

5. Nous amusons-nous?

6. Vous amusez-vous?

7. S'amusent-ils?

8. S'amusent-elles?

D. **Compréhension: Pronominal ou non?** Listen carefully to each sentence. Then check the appropriate column to indicate if the verb you hear is reflexive or not reflexive.

	REFLEXIVE	NOT REFLEXIVE
1.	_____	_____
2.	_____	_____
3.	_____	_____
4.	_____	_____
5.	_____	_____

E. **Répétitions.** Repeat each sentence just as you hear it.

1. Ils aiment danser.

2. Ils s'amusent à la plage.

3. Ils se téléphonent tous les jours.

4. Elle se souvient de son nom.

5. Ils parlent longtemps au téléphone.

F. **Répétitions: Le passé composé des verbes pronominaux (affirmatif).** Listen carefully to the following sentences that contain reflexive verbs in the **passé composé.** Repeat each sentence just as you hear it, paying particular attention to the auxiliary verb.

1. Je me suis couché à dix heures.

2. Tu t'es couché à onze heures.

3. Il s'est couché à neuf heures.

4. Elle s'est couchée à onze heures et demie.

5. Nous nous sommes couchés à minuit.

6. Vous vous êtes couché à une heure.

7. Ils se sont couchés à minuit et demi.

8. Elles se sont couchées à onze heures.

G. **Répétitions: Le passé composé des verbes pronominaux (négatif).** Listen carefully to the following sentences that contain reflexive verbs in the negative. Repeat each sentence just as you hear it, paying particular attention to the position of **ne . . . pas.**

1. Je ne me suis pas couché à dix heures.

2. Tu ne t'es pas couché à onze heures.

3. Il ne s'est pas couché à neuf heures.

4. Nous ne nous sommes pas couchés à minuit.

5. Vous ne vous êtes pas couché à une heure.

6. Ils ne se sont pas couchés à minuit et demi.

H. Répétitions: Le passé composé des verbes pronominaux (interrogatif). Listen carefully to the following questions containing reflexive verbs in the **passé composé.** Repeat each question just as you hear it, paying particular attention to the order of the words.

1. T'es-tu levé tôt?

2. S'est-il rasé hier?

3. S'est-elle maquillée hier?

4. Nous sommes-nous téléphonés hier?

5. Vous êtes-vous arrêtés au café?

6. Se sont-ils dépêchés?

7. Se sont-elles amusées?

I. Compréhension: Aujourd'hui ou hier? Listen carefully to each sentence. Then check the appropriate column to indicate if the action is taking place today or if took place yesterday.

	TODAY	**YESTERDAY**
1.	_____	_____
2.	_____	_____
3.	_____	_____
4.	_____	_____
5.	_____	_____

J. Répétitions. Repeat each sentence just as you hear it.

1. Ils s'endorment en classe.

2. Elle s'est fait bronzer à la plage.

3. Vous vous disputez souvent.

4. Vous reposez-vous après le cours?

5. Je me suis souvenu de son adresse.

K. Répétitions: Voir. Listen carefully to the following sentences that contain the verb **voir** in the present tense. Repeat each sentence just as you hear it.

1. Nous voyons la mer.

2. Tu vois un homme en maillot.

3. Ils voient leurs amis à la plage.

4. Je vois une tente rouge.

5. Vous voyez la grande caravane.

6. Elle voit son ami sur la plage.

AUX ÉCOUTES

A. **Les vacances dans le monde francophone** *(Vacation in the French-speaking world).* You are watching a video about the French-speaking world, trying to decide where to spend your summer vacation. Listen to the narrator of the video and write the number of each location in the appropriate place on the map below.

B. **Bon voyage!** You are at the airport, ready to leave for your summer vacation. As you wait for your flight, you overhear a young couple discussing their plans. Before listening to their conversation, read the questions below. Then, as you listen to their conversation, take notes. Finally, answer the questions in English. You may want to listen to the conversation more than once.

1. Where is the young couple going?

_____

2. Have they been there before?

_____

3. How long has it been since their last vacation?

_____

4. How long is their flight?

_____

5. What flight arrives during their conversation? Where is it from?

_____

6. What does the woman say she likes to do?

_____

7. What kind of souvenirs does she plan to buy?

_____

8. What is their airline?

_____

9. Will they have to pay for their vacation when they return?

_____

10. What mistake have they made?

_____

CHAPITRE 9
IL ÉTAIT UNE FOIS...

LA COMPRÉHENSION ORALE

A. Répétitions: L'imparfait. Listen carefully to the following sentences that contain verbs in the imperfect tense. Repeat each sentence just as you hear it, paying particular attention to the pronunciation of the verb forms.

1. Il parlait à sa petite amie.

2. Nous finissions notre travail.

3. J'étais en France.

4. Vous vouliez partir.

5. Tu avais très faim.

6. Elles venaient le voir.

B. Compréhension: Aujourd'hui ou dans le passé? Listen carefully to each sentence. Then check the appropriate column to indicate whether the sentence describes how things are now or how they were in the past.

	NOW	**PAST**
1.	_____	_____
2.	_____	_____
3.	_____	_____
4.	_____	_____
5.	_____	_____

C. Répétitions. Repeat each sentence just as you hear it.

1. Vous regardiez beaucoup de films.

2. Il est très malade.

3. Nous allions au cinéma le samedi.

4. Tu avais raison de partir.

5. Vous détestez les films d'épouvante, n'est-ce pas?

D. **Répétitions: Le passé composé** *vs.* **l'imparfait.** Listen carefully to the following pairs of sentences. Note that the first sentence in each pair contains a verb in the **passé composé** and that the second sentence contains the same verb in the imperfect. Repeat each sentence just as you hear it, paying particular attention to the difference between the two tenses.

1. Il est allé au concert.
   Il allait au concert.

2. Nous avons voulu visiter Paris.
   Nous voulions visiter Paris.

3. J'ai téléphoné à mes parents.
   Je téléphonais à mes parents.

4. Elles ont fini d'étudier.
   Elles finissaient d'étudier.

5. Vous êtes sorti avec Jean.
   Vous sortiez avec Jean.

6. Tu as été au restaurant.
   Tu étais au restaurant.

E. **Compréhension: À dix heures du soir.** Listen to each sentence. Then check the appropriate column to indicate whether the action occurred at 10 P.M. or was already going on at 10 P.M.

	OCCURRED	GOING ON
1.	_____	_____
2.	_____	_____
3.	_____	_____
4.	_____	_____
5.	_____	_____

F. **Répétitions.** Repeat each sentence just as you hear it.

1. Je regardais la télévision.

2. Le téléphone a sonné.

3. J'ai parlé à ma petite amie.

4. Ma mère faisait la vaisselle.

5. Le chat dormait.

G. **Répétitions: Les pronoms** *le, la, l', les.* Listen carefully to the following sentences that contain direct-object pronouns. Repeat each sentence just as you hear it, paying particular attention to the position of the pronoun.

1. Le garçon? Je le connais.
   La femme? Je la connais.
   Les enfants? Je les connais.

2. Le pain? Il le prend.
   La pizza? Il la prend.
   Les pommes? Il les prend.

3. Paul? Tu le vois.
   Marie? Tu la vois.
   Les Dupont? Tu les vois.

4. Leur nom? Nous le savons.
   Leur adresse? Nous la savons.
   Leurs âges? Nous les savons.

5. Le garçon? Je l'ai connu.
   La femme? Je l'ai connue.
   Les enfants? Je les ai connus.

6. Le pain? Il l'a pris.
   La pizza? Il l'a prise.
   Les pommes? Il les a prises.

7. Paul? Tu l'as vu.
   Marie? Tu l'as vue.
   Les Dupont? Tu les as vus.

8. Leur nom? Nous l'avons su.
   Leur adresse? Nous l'avons sue.
   Leurs âges? Nous les avons sus.

H. **Compréhension: De qui parle-t-elle?** Listen to each sentence. Then check the appropriate column to indicate whether the sentence is about Philippe, Sophie, or both of them, or if you can't tell.

	PHILIPPE	SOPHIE	BOTH	CAN'T TELL
1.	_____	_____	_____	_____
2.	_____	_____	_____	_____
3.	_____	_____	_____	_____
4.	_____	_____	_____	_____
5.	_____	_____	_____	_____

I. **Répétitions.** Repeat each sentence just as you hear it.

1. Je les connais très bien.

2. Paul l'a vu hier soir.

3. Nous la trouvons très gentille.

4. Tu les aimes, n'est-ce pas?

5. Vous le considérez comme un ami.

AUX ÉCOUTES

A. **Des comparaisons.** Life-styles have changed markedly in the last 40 years. You will hear the results of an interview with Monsieur Dubois, who was 20 years old in the 1940s, and Jean-Marc, who is 20 years old today. Listen to each remark. Then write the word that serves as the basis of comparison and check the appropriate columns to indicate how both Monsieur Dubois and Jean-Marc answered.

MOT PRINCIPAL	M. Dubois (1940)		Jean-Marc (maintenant)	
	OUI	NON	OUI	NON
1. _____	_____	_____	_____	_____
2. _____	_____	_____	_____	_____
3. _____	_____	_____	_____	_____
4. _____	_____	_____	_____	_____
5. _____	_____	_____	_____	_____
6. _____	_____	_____	_____	_____
7. _____	_____	_____	_____	_____
8. _____	_____	_____	_____	_____
9. _____	_____	_____	_____	_____
10. _____	_____	_____	_____	_____

B. **Un documentaire.** You are watching a cultural history program on public television. Before listening to the program, read the questions below. Then, as you listen to the program, take notes. Finally, answer the questions in English. You may want to listen to the show more than once.

1. What famous piece of art is this documentary about?

_____

2. What happened to it?

_____

3. When did this incident take place (date and time)?

_____

4. On what day did the crime occur? Why?

_____

5. Who is Louis Béroud?

_____

6. How long did the crime go unnoticed?

_____

7. According to the guard, where could the missing object have been?

_____

8. How much time elapsed before the crime was solved?

_____

9. How much time did the criminal spend in prison?

_____

10. Why had he committed the crime?

_____

CHAPITRE 10
LES DISTRACTIONS

LA COMPRÉHENSION ORALE

A. **Répétitions: Les adverbes.** Listen carefully to the following groups of words. Each group contains the masculine and feminine forms of an adjective, the corresponding adverb, and a sentence containing the adverb. Repeat each item just as you hear it.

1. sérieux
   sérieuse
   sérieusement
   Elle a travaillé sérieusement.

2. rapide
   rapide
   rapidement
   Elle a fini son repas rapidement.

3. lent
   lente
   lentement
   Il est entré lentement dans la chambre.

4. intelligent
   intelligente
   intelligemment
   Elle a répondu intelligemment à la question.

5. attentif
   attentive
   attentivement
   Ils ont écouté le concert attentivement.

6. doux
   douce
   doucement
   Le groupe a chanté doucement.

B. **Répétitions: Le comparatif (adjectifs).** Listen carefully to the following sentences that contain comparative forms of adjectives. Repeat each sentence just as you hear it.

1. Paul est plus intelligent qu'elle.

2. Marie est plus jolie que sa sœur.

3. Nous sommes moins riches qu'eux.

4. Vous êtes moins sincère que nous.

5. Il est aussi grand que moi.

6. Tu es aussi sympa que lui.

C. **Répétitions: Le comparatif (adverbes).** Listen carefully to the following sentences that contain comparative forms of adverbs. Repeat each sentence just as you hear it.

1. Elle chante plus fort que moi.

2. Nous mangeons plus lentement que vous.

3. Tu danses moins bien qu'elle.

4. Ils voyagent moins fréquemment que nous.

5. Je parle aussi rapidement que toi.

6. Vous travaillez plus indépendamment que lui.

D. **Compréhension: Plus, moins ou aussi?** Listen to each sentence. Then check the appropriate column to indicate the nature of the comparison: more, less, or the same.

	MORE	LESS	SAME
1.	_____	_____	_____
2.	_____	_____	_____
3.	_____	_____	_____
4.	_____	_____	_____
5.	_____	_____	_____

E. **Répétitions.** Repeat each sentence just as you hear it.

1. Marie est plus blonde que Sophie.

2. Nous comprenons plus facilement que vous.

3. Tu es moins sérieux que ton frère.

4. Ma mère est aussi âgée que mon père.

5. Jean-Luc est moins beau que Thomas.

F. **Répétitions: Le superlatif (adjectifs).** Listen to the following sentences that contain superlative forms of adjectives. Repeat each sentence just as you hear it, paying particular attention to the position of the words.

1. Jean est le plus intelligent de la classe.

2. Marie est la plus blonde de nos filles.

3. Nous sommes les moins âgés de vos cousins.

4. Tu es l'étudiant le moins attentif de la classe.

G. **Répétitions: Le superlatif (adverbes).** Listen to the following sentences that contain superlative forms of adverbs. Repeat each sentence just as you hear it.

1. Ma voiture roule le plus rapidement de toutes.

2. Ma sœur parle au téléphone le plus fréquemment.

3. Elle parle français le moins naturellement de toute la classe.

4. Vous étudiez le moins sérieusement de tous les étudiants.

H. Répétitions: Des formes irrégulières du comparatif et du superlatif. Listen carefully to the following sentences that contain comparative and superlative forms of the adjective **bon** and the adverb **bien.** Repeat each sentence just as you hear it, paying particular attention to the differences in pronunciation.

1. C'est un bon ami.
   Marie est une meilleure amie.
   Vincent est mon meilleur ami.

2. J'ai une bonne voiture.
   Tu as une meilleure voiture.
   Paul a la meilleure voiture.

3. Elle chante bien.
   Vous chantez mieux qu'elle.
   Mais Paul chante le mieux.

4. Nous nageons bien.
   Vous nagez mieux.
   Mais eux, ils nagent le mieux.

I. Compréhension: Adjectif ou adverbe? Listen carefully to each sentence. Then check the appropriate column to indicate whether you hear a form of **bon** or a form of **bien.**

	BON	BIEN
1.	_____	_____
2.	_____	_____
3.	_____	_____
4.	_____	_____
5.	_____	_____

J. Répétitions. Repeat each sentence just as you hear it.

1. C'est le meilleur livre.

2. Tu parles français mieux que moi.

3. Qui est votre meilleur ami?

4. Du groupe, c'est vous qui jouez le mieux au bridge.

5. C'est la meilleure chose à faire.

K. Compréhension: Combien en ont-ils? *(How many do they have?)* Listen to each statement. Then circle the appropriate comparison.

1. a. J'ai plus de nouvelles cassettes que vous.

   b. J'ai moins de nouvelles cassettes que vous.

   c. J'ai autant de nouvelles cassettes que vous.

2. a. Elle est allée à plus de concerts que Vincent.

   b. Elle est allée à moins de concerts que Vincent.

   c. Elle est allée à autant de concerts que Vincent.

3. a. Georges a plus de chiens que Philippe.

    b. Georges a moins de chiens que Philippe.

    c. Georges a autant de chiens que Philippe.

4. a. Nous sommes allés en France plus souvent que vous.

    b. Nous sommes allés en France moins souvent que vous.

    c. Nous sommes allés en France autant que vous.

5. a. Louise a plus de sœurs que Véronique.

    b. Louise a moins de sœurs que Véronique.

    c. Louise a autant de sœurs que Véronique.

L. **Répétitions: Les objets indirects.** Listen to the following pairs of sentences. Note that the first sentence in each pair contains a noun as indirect object and that the second sentence contains an indirect-object pronoun. Repeat each sentence just as you hear it, paying particular attention to the position of the indirect object.

1. J'offre de l'argent à Pierre.
    Je lui offre de l'argent.

2. Elle offre un livre à Suzanne.
    Elle lui offre un livre.

3. Vous offrez des fleurs à Mme Albet.
    Vous lui offrez des fleurs.

4. Nous offrons une photo à nos parents.
    Nous leur offrons une photo.

5. Tu offres un disque à tes sœurs.
    Tu leur offres un disque.

6. Ils offrent un billet à leurs copains.
    Ils leur offrent un billet.

AUX ÉCOUTES

A. **Un témoin** *(A witness)*. A friend has witnessed a crime and caught a glimpse of the criminal. You accompany your friend to the police station to view a lineup. Listen to each of her comments and circle the number of the suspect she describes. Can you pick out the criminal?

SUSPECT

1. **1**   **2**   **3**
2. **1**   **2**   **3**
3. **1**   **2**   **3**
4. **1**   **2**   **3**
5. **1**   **2**   **3**

1.   2.   3.

B. **Un crime.** You have witnessed a robbery. The police have just arrived on the scene and are questioning the witnesses. As you wait your turn, you overhear an officer questioning a woman. Before listening to their conversation, read the questions below. Then, as you listen to the conversation, take notes. Finally, answer the questions in English. You may want to listen to the conversation more than once.

1. Where did the crime take place?

_____

2. At what time did the crime occur?

_____

3. Why was the woman there?

_____

4. How many criminals were there?

_____

5. What were the men wearing?

_____

6. How many guns were involved in the crime?

_____

7. What did one robber do for the little old lady?

_____

8. How does the woman help the police at the end? Give as much information as you can.

_____

_____

_____

CHAPITRE 11
LES ÉTUDES

LA COMPRÉHENSION ORALE

A. **Répétitions: Les pronoms personnels objets directs.** Listen carefully to the following sentences that contain the direct-object pronouns **me, te, nous,** and **vous.** Repeat each sentence just as you hear it, paying particular attention to the position of the object pronoun.

1. Le professeur me voit.
   Il m'aide.

2. Le professeur te voit.
   Il t'aide.

3. Le professeur nous voit.
   Il nous aide.

4. Le professeur vous voit.
   Il vous aide.

B. **Répétitions: Les pronoms personnels objets indirects.** Listen carefully to the following sentences that contain the indirect-object pronouns **me, te, nous,** and **vous.** Repeat each sentence just as you hear it, paying particular attention to the position of the object pronoun.

1. Le professeur me parle.
   Il me dit d'étudier.

2. Le professeur te parle.
   Il te dit d'étudier.

3. Le professeur nous parle.
   Il nous dit d'étudier.

4. Le professeur vous parle.
   Il vous dit d'étudier.

C. **Compréhension: À qui?** Listen carefully to each sentence. Then check the appropriate column to indicate whether the action is directed toward me or toward you.

	ME	YOU
1.	_____	_____
2.	_____	_____
3.	_____	_____
4.	_____	_____
5.	_____	_____

D. **Répétitions.** Repeat each sentence just as you hear it.

1. Il m'écrit une lettre.

2. Ils te disent au revoir.

3. Tu me donnes un livre.

4. Elles vont me téléphoner ce soir.

5. Il t'a demandé ton nom.

E. Répétitions: Dire, écrire, lire. Listen carefully to the following sentences that contain forms of **dire, écrire,** and **lire.** Repeat each sentence just as you hear it.

1. Il dit bonjour.
   Il écrit une lettre.
   Il lit le manuel.

2. Vous dites bonjour.
   Vous écrivez une lettre.
   Vous lisez le manuel.

3. Je dis bonjour.
   J'écris une lettre.
   Je lis le manuel.

4. Nous disons bonjour.
   Nous écrivons une lettre.
   Nous lisons le manuel.

5. Tu dis bonjour.
   Tu écris une lettre.
   Tu lis le manuel.

6. Elles disent bonjour.
   Elles écrivent une lettre.
   Elles lisent le manuel.

F. Compréhension: Que font-ils? Listen carefully to each sentence and circle the subject and verb that you hear.

1.	ils ont écrit	il écrit	il a écrit
2.	tu lis	tu as lu	tu dis
3.	il dit	il a dit	ils disent
4.	elle a dit	elle dit	elle écrit
5.	j'ai écrit	j'écris	j'ai dit

G. Répétitions. Repeat each sentence just as you hear it.

1. Il a écrit son nom.

2. Tu lis mon adresse.

3. Ils disent qu'ils vont venir nous voir.

4. Elle a dit que non.

5. J'écris une histoire.

H. Répétitions: L'impératif. Listen carefully to the following groups of sentences. Each group contains a verb in the present tense followed by its corresponding affirmative and negative imperative forms. Repeat each sentence just as you hear it, paying particular attention to the position of the direct or indirect object.

1. Tu parles à ton ami.
   Parle-lui!
   Ne lui parle pas!

2. Nous finissons notre travail.
   Finissons-le!
   Ne le finissons pas!

3. Vous attendez le conseiller.
   Attendez-le!
   Ne l'attendez pas!

4. Tu te lèves à six heures.
   Lève-toi à six heures!
   Ne te lève pas à six heures!

5. Nous nous promenons.
   Promenons-nous!
   Ne nous promenons pas!

6. Vous vous dépêchez.
   Dépêchez-vous!
   Ne vous dépêchez pas!

I. **Compréhension: Commande ou question?** Listen carefully to each sentence. Then check the appropriate column to indicate whether the sentence is a command or a question.

	COMMAND	QUESTION
1.	_____	_____
2.	_____	_____
3.	_____	_____
4.	_____	_____
5.	_____	_____

J. **Répétitions.** Repeat each sentence just as you hear it.

1. Vous fâchez-vous souvent?

2. Réponds-tu à ses questions?

3. Faites-le immédiatement!

4. Ne t'occupe pas du problème!

5. Donne-lui ta réponse.

AUX ÉCOUTES

A. **Dans une université américaine.** You and some friends are helping a French exchange student who's studying at your school. Below is a diagram of the campus. Listen as your friends tell the exchange student what to do on his or her first day. As you hear each suggestion, put its number in the appropriate location on the map.

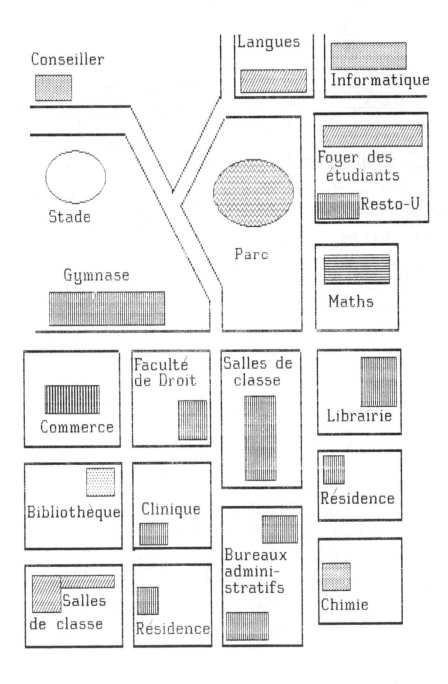

B. **Choisir toute seule!** It is registration time and you have gone to see your adviser, a French professor. You are standing in the hall outside your adviser's office, waiting to see him. Because his door is open, you can overhear him talking to another advisee. Before listening to their conversation, read the questions below. As you listen, take notes. Finally, answer the questions in English. You may want to listen to the conversation more than one time.

1. Why has Monique gone to see her adviser?

   _____

2. Why is her choice difficult?

   _____

3. What is her year in school?

   _____

4. Does Monique plan to study medicine? Why or why not?

   _____

5. When should the person on the telephone call back?

   _____

6. What subject interests Monique?

   _____

7. Why is it helpful to have another discipline along with her area of interest?

   _____

8. What career appeals to her a lot?

   _____

9. At the end of the conversation, what does Monique still have to do?

   _____

CHAPITRE 12
LES INTERVIEWS

LA COMPRÉHENSION ORALE

A. **Répétitions: Le conditionnel.** Listen carefully to the following sentences that contain the conditional. Repeat each sentence just as you hear it, paying particular attention to the pronunciation of the verb form.

1. Voudriez-vous nous aider?

2. J'aimerais avoir cette interview.

3. Il aurait l'occasion de travailler.

4. Nous ne pourrions pas vous donner de congé.

5. Tu irais à une interview?

6. Elles viendraient visiter l'entreprise.

B. **Répétitions: L'imparfait et le conditionnel.** Listen carefully to the following pairs of sentences. Note that the first sentence in each pair contains the imperfect and that the second contains the conditional. Repeat each sentence just as you hear it, paying particular attention to the different pronunciations of the two.

1. Nous parlions aux employés.
   Nous parlerions aux employés.

2. Je choisissais un bon poste.
   Je choisirais un bon poste.

3. Elle comprenait ses responsabilités.
   Elle comprendrait ses responsabilités.

4. Vous receviez un bon salaire.
   Vous recevriez un bon salaire.

5. Tu avais des responsabilités.
   Tu aurais des responsabilités.

6. Ils faisaient une demande.
   Ils feraient une demande.

C. **Compréhension: Conditions ou faits** *(Conditions or facts)?* Listen carefully to each sentence. Then check the appropriate column to indicate whether the sentence is about what would happen or what was going on.

	WOULD HAPPEN	**WAS GOING ON**
1.	_____	_____
2.	_____	_____
3.	_____	_____

	WOULD HAPPEN	WAS GOING ON
4.	_____	_____
5.	_____	_____

D. **Répétitions.** Repeat each sentence just as you hear it.

1. Il cherchait un poste intéressant.

2. Tu gagnerais un bon salaire.

3. Nous attendions notre interview.

4. On lui offrirait un avancement.

5. Elle deviendrait médecin.

E. **Répétitions: Quel.** Listen carefully to the following sentences that contain the interrogative adjective **quel.** Repeat each sentence just as you hear it, paying particular attention to the pronunciation of the adjective.

1. Quel poste voudriez-vous?

2. À quel agent avez-vous parlé?

3. Quels candidats sont les meilleurs?

4. Quels autres candidats allez-vous choisir pour ce travail?

5. Quelle annonce as-tu lue?

6. À quelles affaires vous intéressez-vous?

F. **Compréhension: Singulier ou pluriel?** Listen carefully to each sentence. Then check the appropriate column to indicate whether the question is asked about one or more than one.

	ONE	MORE THAN ONE
1.	_____	_____
2.	_____	_____
3.	_____	_____
4.	_____	_____
5.	_____	_____

G. **Répétitions.** Repeat each sentence just as you hear it.

1. Quel ami voyez-vous?

2. Quels avocats choisiriez-vous?

3. À quel agent as-tu parlé?

4. Quels emplois voudriez-vous?

5. Pour quelle entreprise travaille-t-il?

H. **Répétitions: Lequel.** Listen carefully to the following pairs of sentences. Note that the first sentence in each pair contains the interrogative adjective **quel** and that the second contains the interrogative pronoun **lequel.** Repeat each sentence just as you hear it, paying particular attention to the uses of **quel** and **lequel.**

1. Quel emploi voudriez-vous?
   Lequel voudriez-vous?

2. À quel agent avez-vous parlé?
   Auquel avez-vous parlé?

3. Quels candidats sont les meilleurs?
   Lesquels sont les meilleurs?

4. Quels autres candidats allez-vous choisir pour ce travail?
   Lesquels allez-vous choisir pour ce travail?

5. Quelle annonce as-tu lue?
   Laquelle as-tu lue?

6. À quelles affaires vous intéressez-vous?
   Auxquelles vous intéressez-vous?

7. De quel poste parlais-tu?
   Duquel parlais-tu?

8. Pour quelle entreprise travaille-t-il?
   Pour laquelle travaille-t-il?

I. **Compréhension: Pas de sexisme ici!** Listen carefully to the following sentences about professions. For each sentence, circle the gender of the profession that you hear.

1. assistant social   assistante sociale

2. infirmier   infirmière

3. représentant   représentante

4. musicien   musicienne

5. programmeur   programmeuse

6. avocat   avocate

7. vendeur   vendeuse

8. gérant   gérante

J. **Répétitions.** Repeat each sentence just as you hear it.

1. Françoise est assistante sociale.

2. Denis deviendra infirmier.

3. Danielle est représentante.

4. Louis est musicien.

5. Michelle voudrait devenir programmeuse.

6. René deviendrait avocat.

7. Claude travaille comme vendeur.

8. Dominique serait gérante.

K. Répétitions: Tout. Listen carefully to the following sentences that contain forms of the adjective **tout.** Repeat each sentence just as you hear it, paying particular attention to the pronunciation of each form of **tout.**

1. Tout le monde veut travailler.
2. Toute l'entreprise est en vacances.
3. Tous les jours, ils ont des interviews.
4. Toutes les industries sont fermées en août.

AUX ÉCOUTES

A. Le/la secrétaire indispensable. As part of a job-placement test, you must listen to a message left on a telephone-answering machine and translate it into English. Write the message in English on the form below. Don't forget to include all important information. You may want to listen to the message more than once.

To _____

Date _____ Time _____

WHILE YOU WERE OUT

M _____

of _____

Area Code
& Exchange _____

TELEPHONED		PLEASE CALL	
CALLED TO SEE YOU		WILL CALL AGAIN	
WANTS TO SEE YOU		IMPORTANT	
	RETURNED YOUR CALL		

Message _____

_____

_____

_____

_____

Operator

B. **L'interview.** You are listening to your boss interview a candidate for a job. Before listening to the interview, read the questions below. Then, as you listen to the interview, take notes. Finally, answer the questions in English. You may want to listen to the interview more than once.

1. What is the woman's name?

_____

2. With whom is she speaking?

_____

3. When was she in the United States?

_____

4. What was she doing there?

_____

5. What was her biggest problem in the United States?

_____

6. What is her area of expertise?

_____

7. Is there a job for her with this company? Why?

_____

8. Name three benefits the company offers its employees.

_____

9. What would her beginning salary be?

_____

CHAPITRE 13
LES OPINIONS

LA COMPRÉHENSION ORALE

A. **Répétitions: Préposition + infinitif.** Listen carefully to the following sentences that contain dependent infinitives introduced by **à, de,** or no preposition. Repeat each sentence just as you hear it.

1. Il aime conduire sa voiture.

2. Nous réussissons à assister au concert.

3. Il a choisi de rester à la maison.

4. Il vaut mieux ne pas sécher les cours.

5. Mon prof m'a aidé à choisir mes cours.

6. Je regrette de ne pas pouvoir venir à la fête.

B. **Répétitions: Le subjonctif (formes régulières).** Listen carefully to the following pairs of sentences. Note that the first sentence in each pair contains the indicative and that the second contains the subjunctive. Repeat each sentence just as you hear it, paying particular attention to the pronunciation of the verb form.

1. Nous parlons lentement.
   Il faut que nous parlions lentement.

2. J'attends mon prochain cours.
   Il faut que j'attende mon prochain cours.

3. Tu finis ton travail avant midi.
   Il faut que tu finisses ton travail avant midi.

4. Vous partez à trois heures.
   Il faut que vous partiez à trois heures.

5. Elle écrit sa dissertation.
   Il faut qu'elle écrive sa dissertation.

6. Ils offrent de vous aider.
   Il faut qu'ils offrent de vous aider.

C. **Répétitions: Le subjonctif (formes irrégulières).** Listen carefully to the following pairs of sentences. Note that the first sentence in each pair contains the indicative and that the second contains the subjunctive. Repeat each sentence just as you hear it, paying particular attention to the pronunciation of the verb form.

1. Tu as de la patience.
   Le prof veut que tu aies de la patience.

2. Je suis à l'heure.
   Le prof veut que je sois à l'heure.

3. Nous allons au laboratoire de langues.
   Le prof veut que nous allions au laboratoire de langues.

4. Paul fait de son mieux.
   Le prof veut que Paul fasse de son mieux.

5. Vous venez le voir.
   Le prof veut que vous veniez le voir.

6. Elles savent le poème par cœur.
   Le prof veut qu'elles sachent le poème par cœur.

D. **Compréhension: Aller ou avoir?** Listen carefully to each sentence. Then check the appropriate column to indicate whether the sentence contains a form of **aller** or a form of **avoir**.

	ALLER	**AVOIR**
1.	_____	_____
2.	_____	_____
3.	_____	_____
4.	_____	_____
5.	_____	_____

E. **Répétitions.** Repeat each sentence just as you hear it.

1. Il faut que tu ailles avec lui.

2. Je veux qu'elle ait mon adresse.

3. Faut-il que vous alliez en ville?

4. Elles veulent que j'aie de la patience.

5. Il faut absolument que nous ayons raison.

F. **Compréhension: Quel verbe?** Listen carefully to each sentence. Then circle the subjunctive verb form you hear.

1. vous fassiez	vous sachiez	vous ayez
2. ils aient	ils aillent	ils soient
3. vous lisiez	vous finissiez	vous disiez
4. tu sois	tu envoies	tu reçoives
5. j'aille	je travaille	j'aie

G. **Répétitions.** Repeat each sentence just as you hear it.

1. Il est important que vous fassiez vos devoirs.

2. Je regrette qu'ils n'aillent pas avec nous.

3. Il doute que vous disiez la vérité.

4. Il faut absolument que tu sois en classe demain.

5. Mes parents veulent que je travaille plus.

H. **Répétitions: Devoir.** Listen carefully to the following sentences that contain present tense forms of the verb **devoir.** Repeat each sentence just as you hear it.

1. Je dois aider ma mère.

2. Tu dois préparer le dîner.

3. Il doit faire la vaisselle.

4. Nous devons nettoyer la cuisine.

5. Vous devez faire vos devoirs.

6. Elles doivent se coucher tôt.

I. **Compréhension: Quelle sorte d'obligation?** Listen carefully to each sentence. Then check the appropriate column to indicate whether the action must, had to be, or should be carried out.

	MUST	HAD TO	SHOULD
1.	_____	_____	_____
2.	_____	_____	_____
3.	_____	_____	_____
4.	_____	_____	_____
5.	_____	_____	_____

J. **Répétitions.** Repeat each sentence just as you hear it.

1. Nous devons partir bientôt.

2. Vous devriez essayer de comprendre.

3. Tu as dû passer un examen oral.

4. Nous ne devrions pas mentir.

5. Vous devez accepter les idées des autres.

AUX ÉCOUTES

A. **Les opinions sur la cuisine française.** Here are some results of a poll in which French people were asked their opinions about food and eating. As you listen to the results of the poll, fill in the chart below. You may want to listen to the results more than once.

QUESTION 1

Pour vous, la gastronomie . . .

est un des plus grands plaisirs de la vie . . . . ._____ %

est un plaisir simple, c'est tout . . . . ._____ %

ne vous intéresse pas . . . . ._____ %

Sans réponse . . . . ._____ %

QUESTION 2

Y a-t-il, selon vous, un pays dans le monde où l'on mange mieux qu'en France?

Non . . . . ._____ %

Oui . . . . ._____ %

Sans réponse . . . . ._____ %

QUESTION 3

Parmi *(among)* les pays suivants, quel est, selon vous, le pays où l'on mange le mieux et le pays où l'on mange le moins bien?

	LE MIEUX	LE MOINS BIEN
Italie	_____	_____
Suisse	_____	_____
Grande-Bretagne	_____	_____
États-Unis	_____	_____

B. **De quoi parlent-ils?** You overhear two French students talking about a topic that they have been studying in class. Before listening to their conversation, read the questions below. Then, as you listen to the conversation, take notes. Finally, answer the questions in English. You may want to listen to the conversation more than once.

1. What subject have these French students been studying?

   _____

2. Why does the girl want to know what was said in class?

   _____

3. How do these students characterize American education?

_____

4. What does it appear that most Americans' studies are directed toward?

_____

5. According to Paul, what is a cheerleader?

_____

6. How does Paul compare French studies to American studies with respect to freedom to choose electives?

_____

7. What seems to be the major preoccupation of American students?

_____

8. What level of education are they probably talking about?

_____

CHAPITRE 14
L'AVENIR

LA COMPRÉHENSION ORALE

A. **Répétitions: Le futur.** Listen carefully to the following sentences that contain the future tense. Repeat each sentence just as you hear it, paying particular attention to the pronunciation of the verb form.

1. Je te téléphonerai demain.

2. Tu finiras ta dissertation plus tard.

3. Elle attendra une lettre de toi.

4. Nous irons au bureau de poste après les cours.

5. Vous pourrez envoyer la lettre chez moi.

6. Ils recevront votre carte postale dans trois jours.

B. **Répétitions: Le futur et le conditionnel.** Listen carefully to the following pairs of sentences. Note that the first sentence in each pair contains the future and that the second contains the conditional. Repeat each sentence just as you hear it, paying particular attention to the pronunciation of the verb form.

1. Je t'écrirai demain.
   Je t'écrirais si j'avais le temps.

2. Tu recevras la lettre dans deux jours.
   Tu recevrais la lettre si j'avais l'adresse.

3. Elle achètera un timbre.
   Elle achèterait un timbre si elle avait de l'argent.

4. Nous enverrons la lettre demain.
   Nous enverrions la lettre si nous avions un timbre.

5. Vous serez content de la lire.
   Vous seriez content si la lettre arrivait à temps.

6. Ils y répondront aussitôt qu'ils la recevront.
   Ils y répondraient s'ils avaient le temps.

C. **Compréhension: À l'avenir ou à condition?** Listen carefully to each sentence. Then check the appropriate column to indicate whether the verb is in the future or in the conditional.

	FUTURE	CONDITIONAL
1.	_____	_____
2.	_____	_____
3.	_____	_____
4.	_____	_____
5.	_____	_____

D. **Répétitions.** Repeat each sentence just as you hear it.

1. Il cherchera un bon poste.

2. Nous pourrions vous embaucher.

3. Tu auras une interview.

4. Vous serez très content du salaire.

5. Ils expliqueraient les débouchés.

E. **Répétitions: Le pronom** *y.* Listen carefully to the following pairs of sentences. Note that the first sentence in each pair contains a phrase that is replaced by **y** in the second sentence. Repeat each sentence just as you hear it.

1. Il répondra à la lettre.
   Il y répondra.

2. Nous enverrons la lettre à votre bureau.
   Nous y enverrons la lettre.

3. Je viendrai chez vous pour l'interview.
   J'y viendrai pour l'interview.

4. Elle voyagera en France.
   Elle y voyagera.

F. **Répétitions: Le pronom** *en.* Listen carefully to the following pairs of sentences. Note that the first sentence in each pair contains a word or phrase that is replaced by **en** in the second sentence. Repeat each sentence just as you hear it.

1. Nous avons parlé du poste.
   Nous en avons parlé.

2. Elle avait trois interviews.
   Elle en avait trois.

3. Ils cherchaient des débouchés intéressants.
   Ils en cherchaient.

4. Elle aura besoin d'un bon salaire.
   Elle en aura besoin.

G. **Compréhension:** *Y* ou *en?* Listen carefully to each sentence. Then check the appropriate column to indicate whether you hear **y** or **en.**

	Y	EN
1.	_____	_____
2.	_____	_____
3.	_____	_____
4.	_____	_____
5.	_____	_____

H. **Répétitions.** Repeat each sentence just as you hear it.

1. Elle y pensera demain.

2. J'en ai reçu beaucoup.

3. Vous y êtes allé.

4. Tu en es revenu.

5. Elle y a écrit son nom.

I. **Compréhension: À Paul ou à l'entreprise?** Listen carefully to each sentence. Then check the appropriate column to indicate whether the subject of the sentence is Paul or the business to which he is applying for a job.

	PAUL	BUSINESS
1.	_____	_____
2.	_____	_____
3.	_____	_____
4.	_____	_____
5.	_____	_____

J. **Répétitions.** Repeat each sentence just as you hear it.

1. Ils lui ont téléphoné.

2. Il y a travaillé en mars.

3. Ils lui offrent un emploi.

4. Il y pense souvent.

5. Ils lui ont demandé une interview.

AUX ÉCOUTES

A. **Comprenez-vous?** Listen carefully to each sentence. Then circle the word that best describes the nature of the conjunction or adverbial expression that links the two clauses or phrases. (In other words, what is the sentence expressing?) You may want to listen to the sentences more than once.

1. alternative   equality   condition

2. cause   time   goal

3. equality   alternative   contrast

4. time   goal   cause

5. cause   condition   equality

6. condition   cause   contrast

7. cause   goal   time

8. equality   contrast   alternative

B. **Les jeunes parlent.** You are listening to an authentic radio interview in which several young French people are talking about their leisure-time activities, preferences in music, impressions of the United States, and independence. Note that the speakers' names have been added to aid you in answering the questions. Before listening to the broadcast, read the questions below. Then, as you listen to the broadcast, take notes. Finally, answer the questions in English. You may want to listen to the broadcast more than once.

1. What does Thierry Miriel consider the most important aspect of his free time?

_____

2. Name three things that Thierry does with his friends.

_____

3. What kind of music does the young woman, Astrid François, prefer to listen to?

_____

4. Why does Olivier Aboilard dislike Bruce Springsteen?

_____

5. What is Isabelle Longatte's impression of the United States?

_____

6. Is Isabelle Longatte certain of her impression of the United States? How do you know?

_____

7. What kind of help does Thierry Miriel receive from his parents? How old is he?

_____

8. According to Thierry, what is the current trend in France with respect to young people and their parents?

   _____

9. According to Régis Jouin, what is the biggest problem for a student?

   _____

10. When Régis is 27 or 28 years old, what will society expect from him?

   _____